Giuseppe Verdi

rororo

Wolfgang Clemens

Büdingen 19.12.2000

0

rowohlts monographien
begründet von Kurt Kusenberg
herausgegeben von Wolfgang Müller
und Uwe Naumann

Giuseppe Verdi

Dargestellt von Barbara Meier

Rowohlt Taschenbuch Verlag

Umschlagvorderseite: Giuseppe Verdi.
Gemälde von Achille Scalese, 1858
Umschlagrückseite: Verdi, erdrückt von Verpflichtungen.
Karikatur von Melchiorre Delfico
Umschlagvorderseite der Erstausgabe des Klavierauszugs
zum «Maskenball», erschienen bei Ricordi in Mailand

Seite 3: Giuseppe Verdi. Lithographie von
Alessandro Focosi, 1850
Seite 7: Giuseppe Verdi. Federzeichnung
von Stefano Barezzi

Originalausgabe
Veröffentlicht im Rowohlt Taschenbuch Verlag
GmbH, Reinbek bei Hamburg, November 2000

Dieser Band ersetzt die 1961 erschienene
Verdi-Monographie von Hans Kühner
Umschlaggestaltung Ivar Bläsi
Reihentypographie Daniel Sauthoff
Redaktionsassistenz Karolin Marhencke
Layout Gabriele Boekholt
Satz PE Proforma *und* Foundry Sans *PostScript, QuarkXPress 4.1*
Gesamtherstellung Clausen & Bosse, Leck
Printed in Germany
ISBN 3 499 50593 2

Die Schreibweise entspricht den Regeln
der neuen Rechtschreibung.

Chronologie

INHALT

Frühe Niederlagen

In der kleinen Dorfkirche San Michele hallten die Orgelklänge nach, machten den Raum grenzenlos. Hoch über allen anderen konnte er Don Baistrocchi, seinen Lehrer, an der Orgel beobachten. Nach dieser Musik sehnte er sich die Woche über, sann ihr nach in der engen Gaststube, wo er der Mutter half, oder im Hinterzimmer beim Auspacken der Waren, die der Vater mitgebracht hatte, Salz, Kaffee, Pökelfleisch, Gewürze, Wein.

Wenn Giuseppe Verdi später an seine Kindheit zurückdachte, erschien sie ihm immer nur *in Armut und Dunkelheit* (PM22). Seit er sich erinnern konnte, hatte er arbeiten müssen, wurde schon bald mit den Pflichten eines Erwachsenen beladen und bekam früh die Abhängigkeit von der Großmut anderer, von Wohlfahrtseinrichtungen und Gönnern, zu spüren. Empfindlich gegen jede Form von Abhängigkeit ist er sein Leben lang geblieben.

Die schlimmsten Notzeiten für die Familie Verdi kamen 1814 mit dem Einmarsch der österreichischen und russischen Armeen, den Plünderungen und Brandschatzungen, zwei Jahre später folgten Typhusepidemien. 1805 hatten Carlo Verdi und Luigia Uttini geheiratet. Die Verdis und die Uttinis waren Gastwirte aus der Provinz Piacenza, Carlo Verdi führte in Le Roncole, einem Dorf in der Poebene nördlich von Parma, ein kleines Wirtshaus[1], in dem er zudem Lebensmittel verkaufte.

Weil er oft Waren von auswärts holen musste, versorgte seine Frau nicht nur den Haushalt und arbeitete am Webstuhl, sondern kümmerte sich auch noch um die Gastwirtschaft. Als Giuseppe Francesco Fortunino am 10. Oktober 1813 geboren wurde, war der Vater dreißig, die Mutter achtundzwanzig. Zwei Jahre später wurde eine Tochter geboren, Giuseppa Francesca, die 1833 starb. Wie es üblich war, erhielten beide Kinder ihre Namen nach den Großeltern väterlicherseits, doch weil die Lombardei bis 1815 noch zu Frankreich gehörte, wurden auf dem Standesamt Verdis Namen in der französischen Form eingetragen: Joseph Fortunin François. Fest davon überzeugt, dass Wissen und Ausbildung notwendig waren, um vorwärts zu kommen, unternahmen die Eltern alle Anstrengungen, ihren Sohn zu fördern. Das war nicht selbstverständlich in einer Zeit, in der, zumal auf dem Lande, nur wenige Kinder die Schule besuchen konnten. Schon der vierjährige Peppino lernte bei dem Dorfschullehrer Pietro Baistrocchi lesen und schreiben, und von ihm erhielt er auch den ersten Orgelunterricht. Der Junge war scheu und vor der Zeit ernst. Er spielte nicht, heißt es.[2] Die Musik aber, die er von umherziehenden Drehorgelspielern, Fiedlern und vornehmlich in der Kirche kennen lernte, zog ihn an. Weil er einmal dem Orgelspiel ganz versunken zuhörte und darüber seine Pflicht als Messdiener vergaß, versetzte ihm der Priester einen Tritt, sodass er stürzte. Mit Vergnügen erzählte Verdi als Erwachsener, wie er den Priester verflucht habe und wie dieser tatsächlich später vom Blitz erschlagen worden sei.

Schon früh stand der Beruf für das Kind fest, es sollte einmal Organist in Roncole werden. Carlo Verdi hatte eigens ein Spinett für den Siebenjährigen angeschafft, ein gebrauchtes, kümmerliches Instrument, an dem Verdi sein Leben lang hing. Als der Zehnjährige im Herbst 1823 auf das Gymnasium der Nachbarstadt Busseto geschickt wurde, bedeutete das für die Eltern, nicht nur auf die Hilfe des Jungen in der Gastwirtschaft zu verzichten, sondern auch noch Schulbücher, Miete und Unterhalt zu bezahlen. So begriff das Kind allzu früh die Bedeutung des Geldes. Für immer hatte sich ihm eingeprägt, dass man nur mit Fleiß und zähem Willen *aus dem Nichts* aufsteigen konnte, um *unter den Menschen etwas zu sein.* (A1,245,315) Er zog mit seinem alten Spinett zu einer Familie[3] in Busseto, wo er in der Schule Don Pietro Selettis Unterricht in Italienisch und Latein, in Rhetorik und Geschichte erhielt. Weil er gelernt hatte, hart zu arbeiten, las er zudem Bücher aus der öffentlichen Bibliothek, übte nachts auf seinem Instrument, lief sonntags und an Feiertagen die fünf Kilometer nach Roncole, um dort in San Michele den Orgeldienst zu versehen, nachdem Baistrocchi 1823 gestorben war. Vierzig Lire jährlich verdiente er damit, nicht mehr als ein Taschengeld. Als man ihm die volle Organistenstelle übertrug, war er zwölf. Im selben Jahr erhielt er zum ersten Mal fachkundigen Unterricht in Harmonielehre und Komposition in der Musikschule Ferdinando Provesis, der in Busseto zugleich Organist, Kapellmeister, Komponist, Librettist und Gymnasiallehrer war. Verdi wurde sein bester Schüler, die Klavierübungen setzte er ohne Anleitung fort. Wenn die Belastungen durch das Gymnasium, die Musikschule und die Organistenstelle erdrückend wurden, konnte

San Michele Arcangelo in Le Roncole. – Um die Orgelempore zu erreichen, musste Verdi über eine Leiter und durch die Bodenluke steigen.

der schüchterne, sonst fügsame Junge unerwartet scharf und gereizt auf Vorhaltungen reagieren. Dass Verdi seine Musikstudien zunächst aufgab, zeigt, wie groß die Angst war, den Anforderungen nicht zu genügen, vielleicht gar vom Gymnasium verwiesen zu werden. Nachdem er 1827 seine Schulausbildung mit Auszeichnung abgeschlossen hatte, konnte er endlich seine ganze Zeit der Musik widmen, sodass zahlreiche Kompositionen während des Studiums bei Provesi entstanden, Märsche, Trios, Konzerte, geistliche Werke.[4] Er unterrichtete schon selber, spielte in privaten Konzerten und bekam viel Beifall für eine Ouvertüre zu Rossinis «Barbier von Sevilla», mit der er öffentlich debütierte. Seine übrigen Kompositionen wurden ebenfalls gespielt, denn wie in vielen italienischen Städten gab es auch in Busseto eine philharmonische Gesellschaft, deren Mitglieder, gebildete Amateure, nicht nur Solosänger und einen Chor, sondern sogar ein Orchester stellten. Wenn es auch wegen der Überzahl der Bläser, besonders der Klarinetten und Blechbläser, ein wenig nach einer Militärkapelle klang, stellte es für den jungen Verdi doch eine Werkstatt dar, in der er das gerade Komponierte ausprobieren, in seiner Wirkung überprüfen konnte. Die Proben und manche Konzerte fanden im großen Salon bei dem Präsidenten der Gesellschaft, Antonio Barezzi, statt, einem Großhandelskaufmann, der selber mehrere Blasinstrumente spielte. Er nahm Verdi 1831 in sein Haus auf. Von den sechs Kindern standen Verdi zwei besonders nahe: die fast gleichaltrige, temperamentvolle Margherita, Schülerin von Provesi wie er selbst, und Giovanni, der lange Zeit sein Freund war. Barezzi, damals Anfang vierzig, förderte noch andere Musikstudenten, aber sein Verhältnis zu dem jungen Verdi wurde eines wie zwischen Vater und Sohn, bekam eine Vertrautheit, die sich zwischen Verdi und seinem eigenen Vater nie hatte einstellen wollen. Sie hielt 38 Jahre an, bis Barezzi starb, den Verdi immer als *so gütig, so gerecht, so herzlich* in Erinnerung behielt. (A2,152)

Obwohl sich Verdi nach dem Abschluss seiner Musikausbildung 1829 vergeblich um die Organistenstelle in Busseto beworben hatte, blieb er, vielleicht aus Anhänglichkeit an die

Im Salon des Hauses Barezzi, in dem Verdi mit den Philharmonikern probte, stand auch ein Tomaschek-Flügel aus Wien.

neue Familie, drei Jahre dort, spielte weiter in Roncole die Orgel, vertrat seinen oft kranken Lehrer in Proben und Konzerten und komponierte für die philharmonische Gesellschaft. Er sei zu *Besserem geboren* (C521), hielt ihm Barezzi vor, und Provesi drängte ihn zu einem Studium am Mailänder Konservatorium, dem besten und modernsten in ganz Italien. Geld war freilich nicht vorhanden. Wegen rückständiger Pachtzahlungen hatte Carlo Verdi seine Osteria 1830 aufgeben müssen und war in ein anderes Haus gezogen.[5] Bewerbungen um ein Stipendium beim Monte di Pietà, einer karitativen Einrichtung der Stadt, blieben zunächst ergebnislos. Erst nachdem Carlo Verdi sich an die Herzogin Maria Luigia von Parma gewandt hatte, wurden im Januar 1832 endlich 300 Lire jährlich für den Zeitraum von vier Jahren bewilligt, die Barezzi indes für das erste Jahr vorzustrecken hatte. Nie werde sein Sohn die großzügigen

Das Elternhaus Verdis in Le Roncole. Ölgemälde von Achille Formis. – Im hinteren Teil seiner 1830 übernommenen Osteria verkaufte Carlo Verdi Lebensmittel.

Wohltäter vergessen, hatte Carlo Verdi in seinen Dankbriefen versichert. Doch die Aufnahmeprüfung am Mailänder Konservatorium, auf die sich die Hoffnungen der Freunde und Verwandten, die hohen Erwartungen der philharmonischen Gesellschaft richteten, bestand Verdi nicht. Die Technik seines Klavierspiels verriet den Autodidakten, überdies hatte er mit beinahe neunzehn Jahren das festgesetzte Alter weit überschritten und galt im Lombardisch-Venetianischen Königreich, einem Teil Österreichs, als Ausländer. Die Niederlage hat Verdi nie verwunden. Noch im Alter von 84 Jahren empörte er sich, als das Mailänder Konservatorium, das vor einem halben Jahrhundert diesen *Anschlag auf* seine *Existenz verübt* hatte, nach ihm benannt werden sollte. (A4,632)

Als einer der Prüfer Verdi riet, Privatunterricht bei seinem Kollegen am Konservatorium, Vincenzo Lavigna, zu nehmen, einem ehemaligen Paisiello-Schüler und einige Zeit zuvor noch Cembalist und Repetitor an der Scala, sicherte Barezzi großzügig wiederum finanzielle Unterstützung zu. Wenn Verdi später, 1871, Musikstudenten empfahl, sich *ständig und beharrlich in der Fuge* zu üben, *bis zum Überdruss*, denn nur so könne man *lernen, mit Sicherheit zu komponieren* (C232), dann beschrieb er damit auch seine eigenen Studien bei Lavigna, der auf regelmäßigen kontrapunktischen Übungen bestand. Dass Verdi später Bachs polyphone Instrumentalmusik immer wieder studierte, besonders das «Wohltemperierte Klavier», und bis zuletzt, bis zur Fuge im *Falstaff*, nicht aufhörte, in polyphonen Formen zu komponieren, zeigt, wie stark der frühe Unterricht ihn geprägt hat. Lavigna analysierte zahlreiche Partituren mit dem Schüler, führte ihn bei den Filodrammatici ein, dem philharmonischen Verein Mailands, und verschaffte ihm

Das Teatro alla Scala in Mailand.
Ölgemälde von Angelo Inganni, 1852

ein Abonnement für die Scala. Unterkunft fand Verdi in der Altstadt bei einem Bekannten Barezzis, dem Gymnasiallehrer Giuseppe Seletti.[6] Das Verhältnis zwischen ihm und seinem achtzehnjährigen Untermieter war von Anfang an schwierig. Dass Seletti sein Taschengeld bestimmte, sogar entschied, welche Kleidungsstücke zu kaufen seien, musste Verdi als demütigend empfinden, und weil er sich nicht anzupassen wusste, begegnete ihm Seletti ohne Wohlwollen, mit Misstrauen und Kritik, unangenehm berührt von seinen Manieren, dem fehlenden Schliff, der schäbigen Kleidung. Obwohl er zugeben musste, Verdi arbeite «ununterbrochen von morgens bis abends», klagte er in seinen Briefen an Barezzi ständig über diesen «unsympathischen» Untermieter, den er möglichst bald wieder loswerden wollte. (A1,230,115) Nach zwei Jahren, im Sommer 1834, bezog Verdi ein anderes Zimmer, ebenfalls in der Nähe der Scala. Dort spielte man gerade die neuen Opern von Vincenzo Bellini, «Norma» und «La sonnambula», die das Publikum mit der Darstellung exaltierter Gefühlszustände nahezu in einen Rausch versetzten. Giuditta Pasta und Maria Malibran, die gefeierten Primadonnen des Belcanto, konnte Verdi in Opern von Rossini, Bellini und Donizetti hören. Überhaupt war Mailand eine erregende Stadt mit seinen mittelalterlichen Bauten, den barocken Fassaden nach österreichischem Geschmack, mit der Eleganz seiner Geschäftsstraßen. In der berühmten Galleria de Cristoforis feierte man zur Karnevalszeit im Schein unzähliger Gaslampen Maskenfeste. Fasziniert von den neuen Eindrücken, versuchte Verdi, ein wenig teilzuhaben am eleganten und kostspieligen Stadtleben, sodass er nicht mehr so fleißig schien, wie man es von ihm gewohnt war. Interessanter als Lavignas Unterricht fand er bald den Aufenthalt im Teatro dei Filodrammatici, wo die Konzerte des philharmonischen Vereins stattfanden. Als Verdi während einer Probe der «Schöpfung» von Haydn den erkrankten Cembalisten mit Engagement und Geschick vertrat, übertrug man dem Zwanzigjährigen gleich die Aufführung des Oratoriums. Aber obwohl Pietro Massini, der Leiter der Filodrammatici, Verdi förderte, ihn auch eigene Werke dirigieren ließ, war in

Mailand keine feste Anstellung zu erwarten. Aussicht auf Befreiung aus jahrelanger Abhängigkeit bot sich in Busseto, wo nach Provesis Tod im Jahre 1833 die Stelle des Maestro di musica, des Organisten und Kapellmeisters, neu zu besetzen war. Um die Nachfolge entstand ein heftiger Streit, der zu einer Art Bürgerkrieg zwischen einer klerikalen Fraktion und den Anhängern der Philharmoniker ausartete, mit Verleumdungen, Pamphleten und Schlägereien. Ohne den vereinbarten Wettbewerb zu beachten, hatte der Bischof die Stelle, auf die sich Verdi jahrelang vorbereitet hatte, mit einem Mann seiner Wahl besetzt, wodurch er die Empörung der Philharmoniker auf sich zog. In der Erwartung, der Wettbewerb finde durch einen Einspruch des Innenministeriums doch noch statt, fuhr Verdi im Sommer 1834 nach Busseto. Sogar an die Herzogin von Parma hatte er geschrieben. Ohne sich einzumischen in den Streit zwischen den Parteien, arbeitete er angestrengt mit den Philharmonikern, die seit einem Jahr ohne Leitung waren. Erfolge als Komponist aber konnte er, da die Symphonie oder etwa das Kunstlied im italienischen Musikleben kaum eine Rolle spielte, nur auf dem Gebiet der Oper erwarten oder in der geistlichen Musik, zu der er sich indes, wie er Massini gestand, nicht besonders hingezogen fühlte. So hatte er mit ihm über eine Oper für das Teatro Filodrammatico verhandelt, reiste Anfang des folgenden Jahres wieder nach Mailand, doch gerade als im Sommer endlich ein passendes Libretto von Antonio Piazza gefunden war, drängten ihn seine Anhänger in Busseto, zurückzukommen. Vorsichtig erinnerte Barezzi daran, dass er dieses Jahr schon mehr als 1400 Lire für ihn bezahlt hatte, andere setzten Verdi mit der Erwähnung des für ihn ausgegebenen Geldes massiv unter Druck. Es war, als wäre er *in einen Abgrund gestürzt.* Mit Wohltaten werde man seine *Demütigung und Versklavung nicht erkaufen*, schrieb er seinem Lehrer Lavigna, der ihm ein hervorragendes Abschlusszeugnis ausgestellt hatte. (A1,212) Vor allem Barezzis wegen kehrte Verdi nach Busseto zurück und blieb dort, bis im Februar 1836 der Wettbewerb endlich stattfand, den er überlegen gewann. Im März wurde er Maestro di musica, städtischer Musikdirektor,

Margherita Barezzi. Porträt von A. Mussini. – Verdis erste Frau war die älteste Tochter Antonio Barezzis. Sie studierte Gesang und wurde zur Musiklehrerin ausgebildet.

zwei Monate später heiratete er Margherita Barezzi. Wenn sein Schwiegervater auch für eine komfortable Wohnung sorgte, stellten sich doch Geldsorgen ein, da Verdis Gehalt so niedrig war, dass er Schulden machen musste. So wuchsen die Sorgen für ihn und seine Frau noch, als im März 1837 ihre Tochter Virginia und im Sommer des nächsten Jahres ihr Sohn Icilio Romano geboren wurden. Ihre Namen erhielten die Kinder nach den Helden aus dem Freiheitsdrama «Virginia» von Vittorio Alfieri.[7] In seinen politischen Vorstellungen war Verdi von Mitgliedern der Mailänder philharmonischen Gesellschaft bestärkt worden, Gegnern der österreichischen Fremdherrschaft, die auf ein vereintes Italien hofften, auf ein unabhängiges «Vaterland» Italien, wie es bei Alfieri hieß. Da seit dem Wiener Kongress große Teile des Landes zu Habsburg gehörten oder unter dessen Vorherrschaft standen, galt Österreich als der eigentliche Gegner der Einheit und Unabhängigkeit.

So hart Verdi auch arbeitete auf Proben und Konzerten, als Leiter der Musikschule und mit etwa zwölf eigenen Schülern, denen er Unterricht in verschiedenen Fächern erteilte, sosehr er sich also anstrengte und obwohl seine Frau ihn unterstützte, in der Provinz sah er keine Möglichkeit, vorwärts zu kommen. Wenngleich er vielerlei komponierte[8] und sich in Busseto einen Namen machte, blieb die Angst, die besten Jahre zu vergeuden. Seine Oper[9] war es, von der er sich geradezu eine Befreiung *aus dem Nichts* versprach. (A1,242) Im Herbst 1836 hatte er sie so weit abgeschlossen, dass er nach einer Möglichkeit suchte, sie aufzuführen, doch das Teatro Filodrammatico stand nicht mehr unter Massinis Leitung, und in Parma wie in Mailand scheute man das Risiko, die Oper eines unbekannten Komponisten zu spielen. Als Verdi schließlich Massini bat, für ihn mit dem mächtigen Bartolomeo Merelli zu verhandeln, der seit neuem Impresario an der Scala war und gleichzeitig das Kärntnertor-Theater in Wien leitete, hoffte er auf etwas fast Unmögliches.

Im August 1838 starb die Tochter Virginia, einen Monat später reisten Giuseppe und Margherita Verdi nach Mailand, als wollten sie eine Wende erzwingen. Ohne einen festen Vertrag zu haben, kün-

Bartolomeo Merelli. Anonymes Porträt (Ausschnitt). – Merelli galt als einer der einflussreichsten Theaterunternehmer seiner Zeit. Unter seiner Leitung stand die Scala, als dort fünf der frühen Opern Verdis uraufgeführt wurden. Nach dem Misserfolg der Buffa tröstete er Verdi: «Ich kann dich nicht zum Schreiben zwingen, doch mein Glaube an dich hat nicht gelitten.» (O63)

digte Verdi seine sichere Stellung in Busseto und zog Anfang des nächsten Jahres mit seiner Familie endgültig in die Hauptstadt. Er fühlte sich wie ein Schwimmer, der *das ersehnte Ufer erblickt*, an das er sich *klammern* möchte. (A1,315) Mehr als zuvor waren sie angewiesen auf die Unterstützung Barezzis, obwohl beide, Verdi und seine Frau, Unterricht gaben. Im Frühjahr unterschrieb Merelli dann tatsächlich einen Vertrag, Verdis Oper, die nun *Oberto, conte di San Bonifacio* hieß, an der Scala aufzuführen. Da mit Rücksicht auf die gerade engagierten Sänger manches verändert werden musste, machte Merelli, früher selbst Librettist, Korrekturvorschläge und schickte Verdi zu Temistocle Solera, der Piazzas Libretto überarbeitete. Indes blieben die Figuren starr und konstruiert, und die Handlung verrät dramaturgische Verlegenheit. Oberto, von seinen Feinden besiegt, in seiner Ehre verletzt, maßlos in seinem Rachedurst, will die Schmach seiner Tochter an ihrem Verführer rächen. Sein plötzliches Erscheinen auf dessen Hochzeitsfeier erinnert an den Auftritt des Komturs im «Don Giovanni». Der Opernschluss, ein «spettàcolo d'orror», ein Bild des Schreckens, häuft die gewohnten Klischees: Dem Opfer, Obertos Tochter Leonora, stehen Kloster, Wahnsinn und Tod bevor. Mit diesem Textbuch konnte Verdi keine Oper gelingen, die eine neue Ära nach Rossini, Bellini und Donizetti begründet hätte. Verglichen mit Rossini oder mit Komponisten seiner Generation wie Berlioz, Mendelssohn und Liszt, begann Verdi eher konventionell, indem er Cavatinen und Arien nach Mustern erfand, über die schon Bellini und Donizetti hinausgelangt waren. In *Oberto* erfolgt der traditionelle Tempowechsel vom Cantabile zur schnellen Cabaletta manchmal bloß schematisch, ohne dass es dafür einen Anlass im Text gäbe. Da sich die italienische Oper im 19. Jahrhundert an eine vergleichsweise breite Öffentlichkeit richtete, der sie das fehlende Unterhaltungstheater sowie das Schauspiel zu ersetzen hatte, bewahrte sie eine Nähe zum Volkstümlichen, die sich in Marschrhythmen, der Blaskapellenmusik (der «Banda») sowie den schnell populär werdenden Chören zeigt, vor allem in der Trennung von Melodie und einfacher Begleitung. So bleibt dem Orchester oft nur die Rolle einer Gitarre, die den Sologesang mit Akkorden in gleichförmigem Rhythmus stützt, wodurch der fatale Eindruck des Hm-ta-ta entsteht. Dass Verdi indes auch Bellinis Kunst bewunderte, *lange, lange, lange Melodien* zu erfinden (C416), mit irregulären Strukturen, in denen sich keine Phrase wiederholt und in der die Koloratur zum expressiven Element wird, lässt sich an Leonoras Largo *Sciagurata!* im 2. Finale ablesen. Das Verfahren, größere szenische Komplexe zu bilden wie im Terzett des ersten und im Quartett des zweiten Aktes von *Oberto*, deutet schon die Überwindung der Nummernoper an. Diese Ensembles sowie der Chor des 1. Finales mit dem vierstimmigen Kanon im Sarabandenrhythmus, Ausdruck der Erschütterung, haben die Ebene des Konventionellen bereits verlassen.

Als wegen der Erkrankung eines Sängers die Premiere auf die nächste Spielzeit verschoben wurde, erforderte die neue Besetzung wiederum Änderungen. Dass Verdi die Titelrolle, eine Baritonpartie, für den berühmten Bassisten Ignazio Marini umschrieb, zeigt, in welchem Maße er sich noch den Forderungen des Theaters unterordnete. Die Premiere am 17. November 1839 war nicht gerade ein Triumph, aber *Oberto* erreichte in jener Saison immerhin vierzehn Aufführungen. Die großen Zeitungen brachten Rezensionen, selbst die Pariser «Revue et gazette musicale». Merelli bot einen Vertrag für drei weitere Opern an, und Giovanni Ricordi, Eigentümer des größten italienischen Musikverlags, kaufte die Rechte an der Partitur für 2000 Lire. Indes wurde der mit so viel Wagemut und Anstrengung erreichte Erfolg verdunkelt. Im Oktober starb der kleine Icilio. Krankheit und Tod der Kinder, Geldsorgen, auch die eigene Erschöpfung lähmten Verdi. Ein Libretto von Gaetano Rossi, «Il proscritto», lag auf seinem Schreibtisch, aber die Inspiration blieb aus. Als Merelli, der für die kommende Spielzeit eine Opera buffa brauchte, ihn wiederum drängte, nahm Verdi den Auftrag dennoch an, widerwillig und notgedrungen. Unter den angebotenen Libretti schien «Un giorno di regno» nach dem Text von Felice Romani[10], dem Librettisten Bellinis und Donizettis, das einzige halbwegs akzeptable, denn es enthielt bei allen Längen und Unklarheiten komische Situationen und Verse voller Witz.

Dann bekam Margherita eine Gehirnentzündung. Nach wenigen Tagen nur, am 18. Juni 1840, starb sie. Gänzlich hilflos brach Verdi seine Arbeit ab, fuhr nach Busseto und wollte sein Zimmer im Hause Barezzis kaum mehr verlassen. Da jedoch die neue Opera buffa im Spielplan schon für den Herbst angekündigt war, konnte Merelli ihn nicht aus dem Vertrag entlassen, und Verdi musste nach Mailand zurückkehren in die verlassene Wohnung. *Allein, allein*, krank und in Zeitnot erfand er Musik zu komischen Szenen. (O62) Wenngleich sie nicht die Brillanz und die aggressiv-boshafte Komik Rossinis erreicht, dessen Opern er bei Lavigna gründlich studiert hatte, folgte Verdi im Wesentlichen diesem Vorbild. *Un giorno di regno* ist ein einziges Spiel der Täuschungen und falschen Posen. Bel-

fiore in der Rolle des polnischen Königs Stanislas II setzt ein allgemeines Verstellungsspiel in Gang, dessen Verwirrungen, am Ende außer Kontrolle geraten, erst durch den Deus ex machina, einen Brief des echten Königs, gelöst werden. Mit dem Duett zwischen Baron und Schatzmeister, die sich über die Modalitäten ihres Duells nicht einigen können, gelang eine Persiflage auf Männerrituale und Imponiergehabe. Wirkungsvoll ist auch die Gleichzeitigkeit von lyrischem Gesang des Liebespaares und dem Buffogeplapper der militärischen Strategen im Sextett, ebenso die Cabaletta der Marchesa (*Se dee cader la vedova*) in ihrer federnden Leichtigkeit. Indes, all das war auch schon ein wenig veraltet. Keine Opera buffa wollte das Publikum mehr hören, man verlangte nach dem neuen Ton des «romanticismo», nach extremen Gefühlen und Leidenschaften, wie sie die Protagonistinnen in «Norma», «La sonnambula» und «Lucia di Lammermoor» vorgeführt hatten. Da überdies die Sänger weder Lust noch Talent zur Buffa zeigten, wurde die Premiere ein Fiasko. Mit Pfiffen und Gebrüll attackierten die Zuschauer den Komponisten, der, wie es damals üblich war, im Orchester der Aufführung zuhörte. Eine Zeit lang scheint Verdi wie betäubt gewesen zu sein, sodass er, wie er seinem Verleger später erzählte, nur noch fähig war, Schundromane zu lesen.

Szenenfoto einer Aufführung von «Un giorno di regno» an der Wiener Volksoper 1995/96. – Nach dem Misserfolg dieser Buffa 1840 spotteten die Mailänder: «König für einen Tag? Nicht einmal für eine Stunde!»

Freiheitsträume

Vielleicht geschah es aus Selbstschutz, wenn Verdi Szenen seines Lebens erfand und sich hinter Masken verbarg. Manchmal aber schärft die zeitliche Distanz auch den Blick für das Vergangene, sodass die erfundene Existenz der Wahrheit näher ist als die korrekte Beschreibung. Wie aus dem Labyrinth der Erinnerungen spät noch einzelne deutliche Bilder auftauchten, lässt Verdis autobiographischer Bericht[12] erkennen. Er beschreibt darin eine Begegnung mit dem Impresario Merelli in der Galleria de Cristoforis, nach der sich sein Leben von Grund auf veränderte. Otto Nicolai hatte ein für ihn geschriebenes Libretto Soleras mit dem Titel «Nabucco» abgelehnt, weil er fand, dass «ein ewiges Wüten, Blutvergießen, Schimpfen, Schlagen und Morden kein Sujet» für ihn sei.[13] Wenngleich Merelli den verschmähten Text nun Verdi fast beiläufig in die Hand drückte, rührte er an das noch nicht überwundene Trauma. *Auf der Straße überfiel mich eine unerklärliche Übelkeit, tiefste Niedergeschlagenheit, eine Beklemmung, die mir das Herz zusammenpresste. Ich ging nach Hause, und beinahe gewaltsam warf ich das Manuskript auf den Tisch, vor dem ich gerade stand. Im Fallen hatte sich das Buch von selbst geöffnet: Mein Blick heftete sich, ich weiß nicht, warum, auf die vor mir aufgeschlagene Seite, und jener Vers fiel mir ins Auge: «Va, pensiero, sull'ali dorate».* (O64) «Flieg, Gedanke, auf goldenen Flügeln» liest sich wie eine Metapher der Selbstbefreiung, die plötzlich möglich schien. Wenn Verdis Darstellung auch den Entstehungsprozess der Oper nicht wahrheitsgetreu wiedergibt, zeigt sie doch, dass der Eindruck dieser Verse entscheidend war. Als Verdi im Sujet, der Geschichte von der Unterdrückung eines ganzen Volks, seiner Gefangenschaft und endlich seiner Befreiung, die Erfahrung und die Träume seines eigenen Volkes wiederfand, wurde dieser Vers aus dem Sehnsuchtslied der Hebräer[14] Impuls für seine Oper *Nabucco.*[15]

Va, pensiero singen die gefangenen Juden am nächtlichen

Ufer des Euphrat. Wie träumend ruft der verhaltene, einstimmige Gesang Bilder der verlorenen Heimat in die Erinnerung. Dann aber, zu Beginn der zweiten Stanze (*Arpa d'or*), scheint der Chorgesang, plötzlich fortissimo, sechsstimmig und in neuer Tonart, gleichsam zu explodieren, als bräche lange Verschüttetes auf. In weiten Melodiebögen und wechselnden Rhythmen bildet sich die innere Bewegtheit ab, schwingt nach in einem lange ausklingenden Pianissimo-Akkord. Wie aber aus der Vorstellung einer künftigen Befreiung Kraft und Zuversicht erwachsen, zeigt die abschließende Szene *Prophezeiung*, deren Stretta, ein kämpferischer Marsch mit kraftvollen Synkopen, noch den Rhythmus des Gefangenenchors bewahrt, jener Melodie, in der Verdis Zeitgenossen eine Stimme fanden für die Gefühle des eigenen Volks, sodass sie ihnen zur Hymne des erwachenden Vaterlandes wurde, zum säkularisierten Gebet. Die großen Chorszenen wie diejenige zu Beginn sind es, die dem Werk seine besondere Prägung und seine Geschlossenheit geben. Männer- und Frauenstimmen in wechselnder Kombination und unterschiedlichem Satz verleihen gemeinschaftlichen Gefühlen Ausdruck, oft in nachdrücklicher Einstimmigkeit: Panik und Todesangst, Trauer und Heimweh, Hoffnung, Kampfbereitschaft und Freude. Wie kollektive Aggressivität indes auch erbarmungslos den Abweichler ausstößt, zeigt der Chor der Leviten im zweiten Teil (*Il maledetto non ha fratelli*), ein frühes Beispiel der typischen Staccatochöre Verdis, sotto voce gesungen, in dessen pfeilartig hervorgestoßenen synkopischen Gipfeltönen die Musik geradezu gestisch wird. Über seine traditionelle Funktion hinaus, Akte einzuleiten und zu beschließen und die Wirkung von Ensembles zu verstärken, wird der Chor als das Gewalt erleidende Volk zur dramatis persona. Dass die rettende Aktion eigentlich von ihm ausgeht[16], zeigt sich deutlich, wenn Nabucco im vierten Teil die Melodie des Chors aufnimmt (Z.14 ff.).

Dem armen geknechteten Italien ist ja das Sprechen verboten, und es darf nur durch Musik die Gefühle seines Herzens kundgeben.
Heinrich Heine: Reisebilder. Sämtliche Werke, Bd. 2, München 1969, S. 199

Nabucco und Abigail, die beiden herausragenden Einzelfiguren, vertreten diejenigen, die Gewalt ausüben. Die Macht hat sie gezeichnet und entstellt. Nabucco, König von Babylonien, gewohnt zu siegen, empfindet unverhohlene Lust an der Gewalt, wie sein *mit wilder Freude* gesungenes *Presto* zu erkennen gibt, mit dem das Finalensemble des ersten Teils eingeleitet wird. Wenn gerade er im Quartett des zweiten Finales derjenige ist, der die Melodie des lähmenden Entsetzens anstimmt, das die Anwesenden bei seiner Ankunft überfällt, dann zeigt dies ein zynisches Vergnügen an der Ohnmacht der anderen. Erst nachdem im zweiten Finale sein Absturz vorgeführt worden ist, erst im Schmerz, ja im Wahnsinn erscheint er menschlich (*Oh! mia figlia!*).

Abigails Ansprüche und Machtfantasien, entstanden aus dem Verlangen der Sklavin nach Identität, führen zu einer Zerrissenheit und Maßlosigkeit, die sich in nervösen Rhythmen und Riesenintervallen abbilden.

Virtuose Koloraturen in extremer Höhe, große Sprünge sowie schnelle Läufe demonstrieren Kälte, Aggressivität und Macht. Zwischen welche Extreme diese Figur gespannt ist, zeigt der Schluss, die Bitte der Sterbenden um Vergebung, die durch die Schlichtheit der Melodie, auch durch ein ostinates Cellomotiv und das klagende Englischhorn besondere Expressivität gewinnt. Für die Drastik und die Überdeutlichkeit, mit der Verdi seine Figuren noch zuweilen zeichnete, ist die Szene zwischen Nabucco und Abigail im dritten Teil aufschlussreich, in der ein übermütiges, geradezu freches Holzbläsermotiv Abigails Vorfreude auf einen Triumph illustriert, während der König um Erbarmen fleht.

Dass die Oper nicht mehr bloß für gebildete Hörer geschrieben wurde, erklärt solche gelegentliche Überdeutlichkeit, manches Plakative, auch den unbedenklichen Gebrauch von Theatereffekten. Der allgemeinen Verständlichkeit dienten zudem wiederkehrende Motive, Instrumentalfarben und Klangfolgen, die leicht erkannt und gedeutet werden konnten. Zu Verdis musikalischen Formeln gehören so konventionelle Gestaltungselemente wie der Schrecken signalisierende verminderte Septakkord, der gleich zu Beginn den Ruf *Abigail* markiert, chromatische Skalen zur Kennzeichnung des Schmerzes, punktierte Marcato-Rhythmen in kriegerischen Passagen, die Deklamation auf einer Tonstufe als Ausdruck der Drohung, weiterhin Erinnerungsmotive, wie sie in Nabuccos Träumen auftauchen, und arpeggierende Flöten als Klänge schon aus einer anderen Welt, die Nabuccos Gebet und den Gesang der sterbenden Abigail begleiten. Dass dem Komponisten trotz mancher Parallelen zu Rossinis «Moïse» die Befreiung von seinen Vorbildern gelang, deutet sich auch in der musikalischen Architektur an, die nicht mehr einzelne Nummern aneinander reiht, in der die vier Teile vielmehr große, geschlossene Tableaus bilden. Patriotische Chöre und kämpferische Marschrhythmen kannte das Publikum natürlich aus Opern von Rossini, und Bellinis wilder Kriegerchor «Guerra, guerra» aus «Norma», dieses Hasslied gegen die römischen Besatzer, wurde überall nachgesungen, aber Chorszenen in derart vergrößerten Dimensionen wie in *Nabucco* feierte man enthusiastisch als etwas Neues. Mit welcher Vehemenz Verdi nach der Fertigstellung des Manuskripts im Herbst 1841 Merelli drängte, das Werk in der kommenden Karnevalssaison aufzuführen, obwohl der Spielplan der Scala bereits mit drei neuen Opern besetzt war, das lässt ahnen, wie viel für ihn von *Nabucco* abhing.

Dem Vergleich mit dem berühmten Bariton Giorgio Ronconi als Nabucco konnte Giuseppina Strepponi in der hochvirtuosen Rolle der Abigail nicht standhalten. Sie war damals sechsundzwanzig Jahre alt, hatte indes den Höhepunkt ihrer Karriere längst überschritten. Die erste Begegnung mit Verdi, nach der sie sich für die Aufführung des *Oberto* eingesetzt hatte, lag drei Jahre zurück. Um ihre Mutter und ihre Geschwister zu unterstützen, übernahm sie sogleich nach ihrem Studium am Mailänder Konservatorium ein Engagement nach dem anderen. Da sie über einen schönen, hohen Sopran verfügte,

Giuseppina Strepponi. Anonymes Porträt (Ausschnitt). – Von Beginn an Verdis Fürsprecherin, sang sie die Sopranpartien in «Nabucco» und «Ernani», musste aber schon, kaum über dreißig Jahre alt, ihre Karriere aufgeben, weil ihre Stimme ruiniert war.

außerdem hübsch, intelligent und schauspielerisch begabt war, stellten sich frühe Erfolge ein. Trotz der stimmlichen Überstrapazierung, trotz ihrer angegriffenen Gesundheit und mehrerer Schwangerschaften war sie ständig aufgetreten, ohne sich Pausen zu gönnen, manchmal von Hustenanfällen attackiert, sodass ihre Stimme bald ruiniert war, was die Kritiker zuletzt ohne Schonung vermerkten. Entgegen allen Befürchtungen Verdis brachte sie es in *Nabucco* noch einmal fertig, obwohl Atembeschwerden sie plagten, acht Abende durchzustehen, für die 57 Aufführungen der folgenden Spielzeit hingegen musste die Rolle neu besetzt werden.

Nach der Premiere am 9. März 1842 war Verdi ein Star.[17] Plötzlich stand der scheue, junge Musiker aus der Provinz, der noch immer mit Giovanni Barezzi eine Wohnung teilte und nur bei ein paar Mailänder Musikern, bei Giuseppina Strepponi sowie bei Temistocle Solera, dem erfahrenen Librettisten und Komponisten, Unterstützung gefunden hatte, im Licht der Öffentlichkeit. Man verlangte Porträts von ihm, schwärmte für

Hüte und Schals à la Verdi, auf den Straßen spielten die Drehorgeln seine Melodien, und in den aristokratischen Salons war er das Gesprächsthema. Er wurde in die abendlichen Zirkel der Gräfinnen Maffei, Somaglia, Appiani und Morosini eingeführt, in denen sich Intellektuelle, Wissenschaftler, Künstler und Journalisten trafen, unter ihnen viele Gegner der österreichischen Herrschaft. Man diskutierte über eine Weiterentwicklung der französischen Reformen, die Möglichkeit eines Verfassungsstaates, gewiss auch über das «Junge Italien», Giuseppe Mazzinis Geheimbund. Im Salon der Gräfin Clara Maffei, einer entschiedenen Patriotin im Gegensatz zu ihrem konservativen Mann Andrea, dem Schriftsteller und Schiller-Übersetzer, begegnete Verdi Aristokraten und bürgerlichen Intellektuellen, Männern wie Arrivabene, Carcano, Grossi, Manara, Tenca und Toccagni, die im Risorgimento für ein vereintes und unabhängiges Italien kämpften. Die Gespräche über Politik und Kunst, das elegante Leben, die Frauen, die so souve-

Clara Maffei. Fotografie nach einem Gemälde. – Ihr berühmter Salon war ein Vierteljahrhundert lang Treffpunkt für Künstler, Intellektuelle und Patrioten.

Emilia Morosini. Gemälde von Francesco Hayez.– Zu den patriotischen Aristokratinnen, die in Mailand einen Salon unterhielten, gehörte auch Emilia Morosini, der Verdi starke Zuneigung entgegenbrachte.

rän Konventionen missachteten, faszinierten Verdi, vor allen anderen Donna Emilia Morosini, der er schwärmerische Briefe schrieb. Später wurde er ein Verehrer der Gräfin Appiani. Aber wenn er auch gelegentlich die Rolle des liebenswürdigen und galanten Gesellschafters probierte, blieb er in der Welt der Salons doch ein Fremder, der seine Ungeduld, Nervosität und Gereiztheit nicht immer verbergen konnte. Ihn belastete der stete Druck von Terminen, zudem war er häufig krank und litt unter Magenbeschwerden, Bronchitis und Rheumaanfällen.

Schon 1842 begann er, das verdiente Geld in Landbesitz anzulegen, zwei Jahre später kaufte er in Roncole das Anwesen «Il Pulgaro» mit 25 Hektar Wiesen und Weingärten, wo seitdem seine Eltern wohnten, und 1845 konnte er eines der schönsten Häuser in Busseto erwerben, den Palazzo Cavalli[18], ganz in der Nähe von Barezzis Haus. Weder die großen Städte noch die gerühmten Landschaften Italiens lockten ihn, das Vertraute zog ihn an, die nebelverhangene, karge Ebene, die strengen und einsamen Pappelalleen, der weite Himmel.

Welch machtvolle Position er plötzlich einnahm, bewies ein neuer Kompositionsauftrag Merellis, der es dem Komponisten überließ, die Höhe seines Honorars zu bestimmen. Auf den Rat Giuseppina Strepponis forderte Verdi 9000 österreichische Lire, das waren 1000 Lire mehr, als Bellini für «Norma» erhalten hatte, und mehr als dreizehn Jahresgehälter, die Verdi als Maestro di musica in Busseto verdient hätte. Freilich belastete die allgemeine Erwartung, dass sich der Erfolg des *Nabucco* wiederholen müsse, die Arbeit an der neuen Oper, *I Lombardi alla prima crociata*, zu der erneut der patriotische Solera das Libretto schrieb. Auch wenn es wieder um die Konfrontation zweier Kulturen und Religionen geht, bleibt, anders als in *Nabucco*, die Verbindung zwischen nationalem Schicksal und persönlichen Konflikten zufällig. Vielleicht allzu sehr unter Erfolgsdruck, nahm Verdi manches in seine Musik auf, wenn es nur Wirkung versprach: türkisches Kolorit, eine Schlachtenmusik, den Part einer obligaten Violine im Stil Paganinis, eine himmlische Vision, vor allem effektvolle Kontraste. *Con slancio*, mit Schwung, soll über weite Strecken musiziert werden, und das forsche Kreuzfahrerthema, die Kampflieder und Märsche lassen, im Widerspruch zu Giseldas Plädoyer gegen den *gottlosen Massenmord*, die Realität des Krieges vergessen. Das Bühnenbild, das die Mailänder Kathedrale Sant' Ambrogio abbildete, der Titel und viele der Nummern weckten patriotische Gefühle in dem für Anspielungen hellhörigen Mailänder Publikum.

Die «Lombarden» wurden in den Himmel gehoben. Das niedere Volk begann schon um drei Uhr die Galerie zu stürmen; und da die Leute zu essen mitbrachten, hob sich der Vorhang im markanten Duft von Knoblauchwürstchen! [...] Der berühmte Chor «O Signore dal tetto natio» war Anlass zu einer der ersten politischen Kundgebungen, die das Wiedererwachen von Lombarden-Venetianern signalisierten.

Ein Zeitgenosse, Jacopo Folchetto, zur Uraufführung von «I Lombardi alla prima crociata» 1843 an der Scala (W153)

Seit dem Frühjahr 1844 teilte Verdi seine einsamen Arbeitstage mit Emanuele Muzio, den er schon kannte, als Emanuele, Sohn eines Schusters aus einem Dorf bei Busseto, noch Schüler seiner Frau Margherita war. Nachdem Muzio mit Barezzis Unterstützung ein Stipendium des Monte di Pietà erhalten hatte, wurde er nun Verdis Schüler. Verdi half ihm, *aus dem Nichts* aufzusteigen, aus dem er selber gekommen war. (A1,245) Mit besonderer Sympathie, fast väterlich sorgte er für den Neunzehnjährigen, der den zwölf Jahre älteren Verdi in vielen begeisterten Briefen an Barezzi immer nur den «Signor Maestro» nannte. Jeden Morgen unterrichtete Verdi seinen Schützling in Kontrapunkt und Komposition, er brachte ihm Manieren bei und sorgte für Kleidung und Geld. Muzio arbeitete als Sekretär für seinen Lehrer, kopierte Stimmen, fertigte Klavierauszüge an, bereitete auch das Frühstück und pflegte Verdi, wenn dieser krank war. Sie arbeiteten beide an demselben Tisch, aßen gemeinsam zu Mittag, spielten auch zuweilen Karten oder Billard. Vorbehaltlos bewunderte Muzio seinen Lehrer und blieb ihm fünfzig Jahre lang ein ergebener Weggefährte.

Schon seit einigen Tagen gibt mir Signor Maestro Verdi Unterricht in Kontrapunkt. […] Viele Musikstudenten würden sogar zwei oder drei Taler für die Stunde bezahlen, wenn der Maestro sie ihnen nur geben wollte. Doch er gibt sie niemand, außer einem armen Teufel, dem er tausenderlei Vorteile hat zukommen lassen. […] Er, mein Signor Maestro, ist von einer Seelengröße, von einem Edelmut und einer Klugheit, und er hat ein Herz, neben das man, wollte man ein schönes Paar daraus machen, das Ihre stellen müsste.

Der neunzehnjährige Emanuele Muzio 1844 an Antonio Barezzi (W157)

In den acht Jahren bis 1850 schrieb Verdi nach seinem Erfolg mit *Nabucco* zwölf weitere Opern und eine Neufassung der *Lombarden*. Weil er ohne Unterbrechung komponierte, brachte er es jährlich auf mindestens eine, manchmal auf drei Uraufführungen. So wurde er der bedeutendste Opernkomponist Italiens, denn Giovanni Pacini und Saverio Mercadente stellten keine Konkurrenz mehr dar, Bellini war schon 1835 gestorben, Rossini, den Verdi im Sommer 1842 in Bologna besuchte, hatte längst das Komponieren aufgegeben, und Donizetti war so krank, dass er nach dem «Don Pasquale» aus dem Jahre 1843 nichts mehr veröffentlichte.

Bestimmend für die Dramaturgie der frühen Opern Verdis ist das Prinzip der Reihung von Nummern, die möglichst abwechslungsreich sein mussten und zum Teil austauschbar waren, weil die Libretti mit ständig neuen Situationen Gelegenheiten boten, immer wieder ähnliche Gefühle zum Ausdruck zu bringen: Liebe und Hass, Patriotismus, Kampflust, verletztes Ehrgefühl, Verzweiflung und Trauer. Traumerzählungen sind eingefügt[19], und kaum einmal fehlt die «preghiera», das Gebet, oft mit Harfenbegleitung. Auch Züge der damals modischen Schauerromantik sind zu entdecken, Dämonen- und Engelchöre in *Giovanna d'Arco*, Kerkerszenen in den *Foscari* oder im *Corsaro*, die durchgehend nächtlichen Szenen in *Attila*, unheimliche Schauplätze wie die Krypta in *Ernani* und das unterirdische Gewölbe, in dem die *Todesritter* vor der *Schlacht von Legnano* ihren Eid schwören. Unverwechselbare Individualitäten mit einer eigenen Entwicklung fehlen noch, die Rollenverteilung ergibt stets die gleiche Konstellation: die Liebenden (Sopran-Tenor) und ihr Gegenspieler (Bariton). Indes hat Verdi schon vor dem *Rigoletto* eindringliche Vatergestalten porträtiert: Oberto, Nabucco, Francesco Foscari, den Grafen Moor und den alten Miller. Väter, die an ihren Kindern leiden, Ohnmächtige trotz ihrer Starre und Unerbittlichkeit, Repräsentanten eines brüchig gewordenen Gesellschaftsmodells. Immer ist es eine Sterbeszene, mit der die Opern enden, verbunden oft mit der Vision des ‹offenen Himmels›, in der Versöhnung als Utopie erfahren wird. Meist entsprechen die Nummern noch den standardisierten Formen: die Introduktion, die einsätzige Arie als Cavatine oder Romanze, die zweisätzige mit Chor, beide abgeschlossen mit der obligatorischen Cabaletta, die fast jedes Mal das Drama unterbricht, indem sie den Applaus geradezu fordert, schließlich das Finale, das seinen Schlusseffekt durch Klangmassierung und eine Tempobeschleunigung in der Stretta erreicht. Abgesehen von gelegentlichen Illustrationen bleibt die Funktion des Orchesters auf die akkordische, gitarrenartige Begleitung der Sänger beschränkt, die es in expressiven Phrasen colla voce unterstützt. Doch Verdi lernte seine Technik zu verfeinern, arbeitete, wohl seit dem *Ernani*, auch mit Skizzen. An die Stelle der Potpourri-Ouvertüre treten bald differenziertere, auf die Hauptfigur bezogene Vorspiele[20], und Klangfarben werden subtiler eingesetzt. Dient in den frühen Ensembles noch die gleiche Melodie zur Darstellung verschiedener Affekte, gelingen Verdi später Ensembles, in denen gleichzeitig unterschiedliche Gefühle zum Ausdruck kommen.

Da seine Opern Auftragswerke mit festen Terminen waren, arbeitete er ständig unter Zeitdruck. Das Risiko der Aufführungen trug allein der Impresario, indem er auf eigene Kosten Sänger engagierte, den Spielplan für die nächste Stagione aufstellte und Aufträge für neue Opern vergab.[21] Deshalb musste er auf der Einhaltung von Terminen bestehen und Forderungen notfalls gerichtlich einklagen. Als Verdi 1845 seine Oper *Alzira* nicht pünktlich abliefern konnte, weil er erkrankt war, entging er einer Geldstrafe nur durch ärztliche Atteste. In den Verträgen über die Opern *Attila*, *I Masnadieri* und *Il Corsaro*, die er mit dem Verleger Francesco Lucca abschloss, verkaufte er zugleich die Aufführungsrechte, sodass Lucca sich fortan um alle Aufführungsbedingungen zu kümmern hatte. Zuletzt jedoch ging die Beziehung zu diesem Verleger, einem äußerst harten Verhandlungspartner, *rücksichtslos, unverschämt, unersättlich*, wie Verdi fand, zu Bruch. (A1,736) Die Hetze, in der er seine Opern fertig stellte, ließ kaum Zeit für Reflexionen, für musikalische Studien oder Experimente. Wenn er später von *sechzehn Galeerenjahren* nach dem *Nabucco* sprach (A2,500), von einer Arbeitsbelastung, für die er *Kopf und Schultern eines Möbelpackers* gebraucht hätte, wenn er Überdruss am Theaterbetrieb und am ewigen Notenschreiben empfand, dann vielleicht auch aus dem Unbehagen an Unzulänglichkeiten in seinen Opern. *Die Seele sieht schwarz aus*, schrieb er im Winter 1845 an einen Freund, *immer noch schwarz, und so wird es bleiben, bis ich diese Karriere hinter mich gebracht habe, die ich verabscheue.*[22] Wenngleich das Publikum die meisten seiner Werke mit Begeisterung aufnahm, wenn auch *Ernani* und *Attila* er-

Giuseppe Verdi. Karikatur von Melchiorre Delfico. – «Dank für die Nachrichten über ‹Alzira›, aber mehr für das Gedenken an Euren armen Freund, der verurteilt ist, Noten zu kritzeln. Gott schütze die Ohren eines jeden guten Christen, der sie hören muss! Verfluchte Noten!» (Otto: Verdi. Briefe, S. 46)

folgreich in vielen Städten gespielt wurden und man dem Komponisten Lorbeerkränze überreichte und Ständchen brachte, war er ständig unzufrieden. *Ich muss noch sechs Opern schreiben, und dann sage ich allem addio*, schrieb er 1845. (A1,542) Immer hatte er *unter den Menschen etwas sein* wollen (A1,315), und weil die Erfahrung plötzlichen Scheiterns nicht vergessen war, hatte er sich freiwillig in das Joch des Opernbetriebes spannen lassen. Trotz des Beifalls der vielen, trotz der Achtung und der fühlbaren Sympathien, die man ihm entgegenbrachte, wuchs seine Unzufriedenheit, wenngleich er sich anstrengte, oben zu bleiben. Er bemerkte selber, wie oft er missmutig und gereizt war, und gelegentlich mokierte er sich selbst über all seine *Verschrobenheiten, Launen* und *Missstimmungen*, die, er gab es ja zu, *bisweilen unerträglich* wurden. (A1,636) Wenn er immer wieder von sich sagte, eigentlich sei er ein *Bauer* (A2,591), war freilich Koketterie im Spiel, aber auch Zweifel an seiner künstlerischen Arbeit. Es blieb nicht aus, dass die Rezensenten Defizite vermerkten, sie kritisierten das «Lärmende» in seiner Musik (A1,507), das heißt die Märsche, die stereotypen Cabalettas und Strettas, die undifferenzierte, meist zuletzt und hastig eingerichtete Instrumentation, und die konservativen Kritiker warfen ihm vor, er korrumpiere mit seinem deklamatorischen Stil den Belcanto, die hohe Kunst des stilisierten Koloraturgesangs, gegen dessen artifizielle Verzierungen Verdis einfache, syllabische Melodien den Verfechtern des alten Stils beinahe vulgär vorkamen. Gleichmütig schien Verdi das Schicksal seiner Opern hinzunehmen, etwa 1843 den Misserfolg der *Lombarden* in Venedig, die kühle Aufnahme der *Giovanna d'Arco* während der Mailänder Uraufführung 1845, den lediglich höflichen Applaus des Scala-Publikums für die *Foscari*, die Enttäuschung nach der aufwendigen Pariser Premiere von *Jérusalem*, das Fiasko des *Corsaro*. Mit hämischen Artikeln über die Banalität der Musik hatten die Kritiker auf *Alzira* [23] reagiert, und ein Spottlied über Verdis allmählichen Abstieg machte in Neapel die Runde. Das Urteil der Kritiker traf ihn, obwohl er Erfolg oder Misserfolg skeptisch bewertete und dem unberechenbaren Publikum gegenüber immer misstrauisch blieb, obwohl er akzeptierte: *Für drei Lire kauft das Publikum das Recht, uns auszupfeifen oder zu applaudieren.* (A1,364)

Einen passenden Stoff zu finden kostete Verdi zunehmend Zeit und Mühe. Ob er sich für ein bestimmtes Sujet entschied, hing nicht unwesentlich davon ab, welche Sänger gerade von dem betreffenden Theater engagiert waren, ob also für die Hauptrolle ein guter Tenor zur Verfügung war, etwa wenn Antonio Poggi oder Gaetano Fraschini unter Vertrag standen, oder ob ein Bariton wie Giorgio Ronconi oder Felice Varesi für die Titelrolle eingesetzt werden konnte. In der Regel berücksichtigte Verdi beim Komponieren die stimmlichen Möglichkeiten der jeweiligen Darsteller, schrieb ihnen gelegentlich

Giuseppe Verdi. Lithographie von Richter nach einer Zeichnung von L. De Crescenzo. Der Zweiunddreißigjährige wirkte damals wesentlich älter. «Die Spuren von Sorge und Krankheit ebenso wie von tiefem Nachdenken sind auf seinem Antlitz sichtbar», war 1896 in den «Illustrated London News» zu lesen. (W163)

wohl auch noch eine besondere Cabaletta, entschieden sie doch meist über den Erfolg einer Oper. Um sich nach *Nabucco* und *I Lombardi* nicht zu wiederholen, suchte er nach Vorlagen in der romantischen Literatur und vertonte mit *Ernani* ein Libretto nach dem Drama Victor Hugos, mit den *Foscari* und dem *Corsaro* Vorlagen von Byron. Hatte die Zensurbehörde, die in Mailand dem Erzbischof Gaetano Kardinal Gaisruck sowie dem Polizeichef Luigi Torresani unterstand, schon gegen die *Lombarden* Einwände erhoben, weckten erst recht so verdächtige Schriftsteller wie Hugo und Byron die Aufmerksamkeit der Zensoren. Religiöse, moralische und politische Bedenken bei der Überwachung der Theater führten zu manchmal schon komischen Maßnahmen. Zum Beispiel waren in Mailand für den Beifall des Opernpublikums der Höchstgrad der Lautstärke sowie die erlaubte Anzahl der Vorhänge festgelegt, in Venedig verbot man den Titel *I due Foscari*, bloß weil dort Familien dieses Namens lebten, also fand die Uraufführung in Rom statt. Als Sakrileg galt schon das «Ave Maria» in den *Lombarden*, aus dem *Salve Maria* wurde. Weder Räuber noch Mitglieder des Hochadels durften in Mailand durch Opernhelden dargestellt werden, schon gar nicht zu Banditen gewordene Aristokraten wie in *Ernani*. Um die patriotische Begeisterung des Publikums in Grenzen zu halten, musste nach der Premiere von *La battaglia di Legnano* für die folgenden Aufführungen die Schlacht nach Holland verlegt werden, aus Barbarossa wurde der Herzog von Alba, und die Oper hieß nun *Der Aufstand von Haarlem*. Nicht ohne Grund fürchtete die Regierung selbst in den Opernhäusern Angriffe auf die Autorität des Staates, fand das Publikum doch geradezu begeistert überall Anspielungen auf die Unterdrückung Italiens. Unter dem metternichschen Überwachungssystem wurden Theater geschlossen, Pässe eingezogen und Vermögen konfisziert, in Einzelfällen drohten sogar Gefängnis- und Todesstrafe.

Weil er früh Armut und Schulden, danach das unsichere Leben eines Theaterkomponisten kennen gelernt hatte, formulierte Verdi detailliert seine Verträge mit den einzelnen Opernhäusern, mit der Scala, später mit La Fenice in Venedig, dem nach der Scala wichtigsten italienischen Operntheater, mit dem Teatro Argentina in Rom, mit dem San Carlo in Neapel und dem Teatro della Pergola in Florenz. Dezidiert legte er für sein Honorar die Höhe der Raten und die Termine ihrer Fälligkeit fest, ferner die Rechte an der Partitur, vor allem bestand er darauf, die Sänger aus der jeweiligen Compagnia selber auszusuchen. Von Anfang an erwies er sich als harter Verhandlungspartner, der *um nichts in der Welt* auf seine vertraglich festgelegten Rechte zu verzichten bereit war. (A1,507) Dass etwa die letzte Rate des Honorars erst nach der dritten Aufführung fällig würde, akzeptierte er nicht, *denn die 3. Aufführung* hätte *aus tausend Gründen nicht stattfinden* können (A1,466), also war die Summe sogleich nach der ersten zu zahlen. Wie er selber die größten Anstrengungen für sein Werk auf sich nahm, oft mehr als zehn Stunden am Tag arbeitete, mit dem Librettisten, dem Impresario, dem Verleger und der Zensurbehörde verhandelte, mit Agenten, Journalisten und Sängern korrespondierte, deren Virtuosenlaunen ihm die Arbeit zusätzlich erschwerten, so stellte er auch hohe Anforderungen an die Musiker, die ihn manchmal verfluchten, wenn sie die häufigen Proben und seinen schroffen Ton zu ertragen hatten. Chronische Halsentzündungen und Magenschmerzen setzten ihm ständig zu. Er vertrug das Klima im winterlichen Venedig nicht, bekam Rheumaanfälle, und seine Bronchitis ließ das Schlimmste, Schwindsucht, befürchten. Ein wenig Erholung fand er im Herbst 1845 auf dem Land, in Clara Maffeis Clusoner Villa, doch über Weihnachten litt er wieder unter schwerer Bronchitis. Besserung brachte erst die Höhenluft von Recoaro, wo er sich im Sommer erholte.

Wie angegriffen Verdis Gesundheit war, hatte sich bis ins Ausland herumgesprochen. «In Venedig ist Giuseppe Verdi, der in der neuesten Zeit so schnell bekannt gewordene Operncomponist, gestorben», war im Februar 1846 in der Leipziger «Allgemeinen Musikalischen Zeitung» zu lesen.

Wenngleich sich Verdis Begegnungen mit Giuseppina Strepponi nie über eine lange Zeit hinzogen, sahen sie einander doch immer wieder. Sie beriet ihn weiterhin und korrespondierte für ihn. Zahlreiche Affären wurden ihr nachgesagt. Mit einem ihrer Agenten, Cirelli, hatte sie einen Sohn, Camillo (PM120), ein Jahr nach dessen Geburt bekam sie eine Tochter, Giuseppa Faustina. Beide Kinder wuchsen in einem Waisenhaus auf, während eine 1841 geborene Tochter noch im ersten

Lebensjahr starb. Nachdem Giuseppina Strepponi längere Zeit krank gewesen war, boten ihr nur noch kleinere Bühnen Rollen an, und endlich, als niemand sie mehr engagieren wollte, blieb ihr nichts anderes übrig, als mit Inseraten eine Anstellung zu suchen, bis sie sich im Herbst 1846 entschloss, eine Gesangsschule in Paris zu eröffnen. Da bekam sie im Oktober von Verdi einen Brief, den sie, nachdem sie ihn gelesen hatte, versiegelte und als ihren kostbarsten Besitz bis zu ihrem Tod aufbewahrte. Auf den Umschlag schrieb sie: «Dieser Brief soll mir aufs Herz gelegt werden, wenn man mich begräbt!» Bis heute liegt er ungeöffnet im Archiv Sant' Agata.[24]

Das Textbuch zu der Oper nach Victor Hugos Drama «Hernani», Verdis erstem Werk für das Teatro La Fenice, sollte Francesco Maria Piave schreiben, der als Korrektor, Übersetzer und Herausgeber in Venedig arbeitete. Er war drei Jahre jünger als Verdi und noch unerfahren im Librettoschreiben, sodass Verdi sich weitaus intensiver um die Textgestalt kümmerte als sonst. Befremdet fragte er Piave nach der Lektüre einiger *Ernani*-Szenen: *Wo gibt es eine Primadonna, die nacheinander eine große Cavatine, ein Duett, das in einem Terzett endet, und ein ganzes Finale singen kann? [...] Wo gibt es den Maestro, der, ohne zu langweilen, 100 Verse eines Rezitativs in Musik setzen kann?* (A1,477) Seit er mit Piave zusammenarbeitete, nahm er entscheiden-

Francesco Maria Piave. Stich. – Piave, den die Freunde wegen seiner wilden Haare und seiner heiseren Stimme den «Goten» oder den «Teutonen» nannten, schrieb neun Libretti für Verdi, der ihn beschwor: «Denk immer daran, wenige Worte zu machen, ... wenige Worte, ... wenige, wenige, aber charakteristische!» (A1,644)

den Einfluss auf die Libretti, indem er die Szenarien selbst entwarf und dann, um seine *Anmerkungen* eintragen zu können, von seinem Mitarbeiter *ein besonders ausführliches Exposé* verlangte. (A1,751) Seine zahlreichen Briefe an Piave zeugen von nahezu familiärer Vertrautheit und einer derben Herzlichkeit, indes hatte Piave auch schroffe Kritik, ja kränkende Grobheiten zu ertragen. Gehorsam, geduldig, jederzeit bereit, sich anzupassen, versuchte er, Verdis dezidierte Anweisungen, so gut er konnte, zu befolgen. Da er ein wenig phlegmatisch war, trieb ihn der ungeduldige Verdi ständig zur Eile an – *Schlaf nicht, raff dich auf, beeil dich* (A2,60) – und spottete dann über Misslungenes: *Wie umständlich du doch immer bist!* (A1,644) Obgleich er ihn zuweilen wie einen etwas begriffsstutzigen Schüler behandelte, empfand er liebevolle Sympathie für *Kater* Piave, wie er ihn gelegentlich nannte, wenn er ihn auch einmal in verletzender Weise brüskierte, als er, unzufrieden mit Piaves Libretto zu *Macbeth*, kurzerhand Salvatore Cammarano mit der Korrektur beauftragte; am Ende fehlte gar Piaves Name in den gedruckten Textheften.

Im Salon der Gräfin Maffei hatte er Giulio Carcano kennen gelernt, der die Werke Shakespeares, damals nur selten auf italienischen Bühnen zu sehen, ins Italienische übertragen hatte. In Shakespeare bewunderte Verdi den Realisten, vor allem «Macbeth» faszinierte ihn, nach dieser Vorlage wollte er seine nächste Oper für Florenz komponieren. *Diese Tragödie ist eines der größten Werke der Menschheit!* schrieb er an Piave, der Verdis szenische Entwürfe in Verse setzen sollte. *Denk immer daran, dass in den Versen kein überflüssiges Wort stehen darf: Alles muss etwas aussagen … Ach, ich bitte dich, vernachlässige mir diesen Macbet nicht; ich flehe dich auf Knien an.* (A1,643) War schon eine Oper ohne Liebespaar und ohne eine hervorragende Tenorrolle in Italien ein Wagnis, so bedeuteten vor allem die erheblichen Textkürzungen, in *Ernani* noch ohne weiteres möglich, einen empfindlichen Verlust. Die Beweggründe der Personen und die dramatische Folgerichtigkeit konnte das Libretto nur unzureichend darstellen, stattdessen rückten emotionale Zustände in den Mittelpunkt.[25] Im Gegensatz zu seiner Sorglosigkeit bei der Textbehandlung in den früheren Opern hatte Verdi nun vieles an Piaves Versen zu beanstanden, er korrigierte, erläuterte, mokierte sich, drängte zur Eile. Mit dem hervorragenden Bariton Varesi, den er für die Rolle des Macbeth hatte gewinnen können, korrespondierte er über Darstellungsfragen, über die Bedeutung einzelner Verse und den Sinn bestimmter Vortragszeichen. Für die Rolle der Lady Macbeth lehnte Verdi diesmal die eigentlich vorgesehene Sängerin Eugenia Tadolini ab, gerade weil sie zu gut aussah, vor allem wegen ihrer *wundervollen, klaren, reinen, mächtigen Stimme. Hässlich und böse* sollte Lady Macbeth sein und eine *raue, erstickte, dumpfe Stimme* haben. (C61) Mit dieser Forderung folgte Verdi einer Ästhetik, die Victor Hugo 1827 in seinem «Vorwort zu Cromwell», einem Manifest der Romantiker, formuliert hatte. «Nicht das Schöne, sondern das Charakteristische» gelte es darzustellen, sei doch das Leben selbst Gegenstand des Dramas, in dem sich neben dem Erhabenen auch das Groteske finden lassen müsse, das zu den «größten Schönheiten des Dramas» zähle. Der Ansicht Hugos, selbst «das Vulgäre und Triviale» müssten im Drama zur Geltung kommen[26], entsprach zudem Verdis Vorstellung von den Hexenchören, die *vulgär, fantastisch, originell* sein sollten. (A1,642) Während der Proben war er unerbittlicher denn je. Kurz vor der öffentlichen Generalprobe, während sich der Zuschauerraum füllte und die Orchestermusiker schon auf ihren Plätzen saßen, verlangte Verdi noch eine Klavierprobe des Duetts der beiden Protagonisten. Wie Marianna Barbieri-Nini, die Darstellerin der Lady Macbeth, berichtet, wandte Varesi ein, sie hätten das Duett doch nun schon hundertfünfzigmal probiert. Dann werde dies das 151. Mal sein, erwiderte Verdi, obwohl die Zuschauer im Saal schon unruhig wurden. Die Uraufführung im Teatro della Pergola am 14. März 1847 bekam viel Applaus, die Rezensionen allerdings blieben reserviert. Man zeigte Respekt vor der Instrumentation, fand indes, dass *Macbeth* doch weit hinter dem «Freischütz» oder Meyerbeers «Robert der Teufel» zurückblieb. Verdi aber lag so viel an der neuen Oper, dass er Ricordi untersagte, eine Aufführung des *Macbeth* an der Scala zuzulassen. Schon zwei Jahre zuvor hatte es Auseinandersetzungen mit Merelli gegeben, der in finanziellen Schwierigkeiten war und an allem sparte, an Geld für Chor und Orchester, an Kulissen, Kostümen und Proben, um sich wenigstens die teuren Gesangsvirtuosen leisten zu können. Irgendeine abfällige Bemerkung Merellis über *Attila* führte zum endgültigen Bruch der Freundschaft mit Verdi. Empört über *die miserable Art und Weise*, mit der seine Opern an der Scala inszeniert wurden, entschied Verdi, das Aufführungsverbot solle künftig für alle seine Opern gelten. *Macbeth* widmete er als Zeichen *immer währenden Gedenkens, der Dankbarkeit und Liebe* Antonio Barezzi, dem *Vater, Wohltäter und Freund.* (A1,673,687)

Dass Verdi diese düsterste seiner Opern achtzehn Jahre später noch einmal überarbeitet hat, zeigt, wie hoch er sie einschätzte. An zwei Szenen der ursprünglichen Fassung, einem Duett sowie der Schlafwandelszene, lässt sich die neuartige, geradezu experimentelle Kompositionsweise deutlich ablesen, beide Szenen blieben auch in der Pariser Fassung 1865 unverändert. Im Duett zwischen Macbeth und Lady Macbeth aus dem ersten Akt wird die Grenze zwischen ariosem und rezitativischem Gesang fließend. Besonders eindringlich durch seine Orchesterfarben und Instrumentalmotive, durch dissonant geschärfte Harmonien sowie durch kontrastierende Tempi ist gerade der rezitativische erste Teil – Macbeths Grauen vor dem Verbrechen, der Mord hinter der Bühne, schließlich der Satz *Tutto è finito! (Es ist vorbei!)*, den er *mit erstickter Stimme* in furchtbarer Stille singt. Dunkle Molltonarten, Englischhorn und tiefe Klarinetten sowie gedämpfte Streicher bestimmen die Farbe der ganzen Szene, deren Einheit wenige Orchestermotive betonen, chromatische Skalen, die kleine Sekunde, vor allem ein Pendelmotiv in vielerlei Varianten und unterschiedlichen Tempi, das die nervöse Unruhe der Protagonisten spiegelt, die Ohnmacht des Willens. Wie das Arienmelos geradezu zerbricht, zeigt sich, wenn die Melodie des ersten Cantabiles in f-Moll bald ins Stocken gerät, in sprachähnliches Deklamieren übergeht und in Klagerufen endet. In schärfstem Kontrast zur Härte, mit der Macbeth sich selber verurteilt, steht das sich windende Legato-Motiv der Lady Macbeth, deren verführerische Versuche, ihren Mann weiter anzuspornen, dennoch Angst und Entsetzen, wahrnehmbar in der Sprache des Orchesters, nicht vergessen lassen. Als Verführerin demonstriert Lady Macbeth die geheime Verbindung von Erotik und Macht, wenn sie später von der «Wollust» des Herrschens singt und mit ihrem Trinklied die Gesellschaft animiert. Als ihr Scherzando-Motiv Macbeth zu beschwichtigen sucht, entsteht eine Zweistimmigkeit, die keinen Gleichklang, sondern ein krasses Missverhältnis hörbar macht. Entgegen allen Erwartungen an ein Operndueett enden die drei ‹ariosen› Abschnitte leise, *morendo*, selbst das abschließende kurze Presto, in dem Macbeth am Ende nur noch zu stammeln vermag.

Anders als noch der Dämonenchor in *Giovanna d'Arco* sind die Hexen (Verdi verlangt 18 Stimmen) keine Allegorie des Bösen. Sie haben viele Gesichter, beherrschen viele Sprachen, den leichten brillanten Ton (*Le sorelle vagabonde*) ebenso wie den feierlich-salbungsvollen (*Salve, o Macbetto*), auch auf den Ton von Verschwörerbanden (*Fuggiam, fuggiam*) verstehen sie sich. Die Chöre und Tänze, die Verdi den Hexen zuteilt, unterscheiden sich nicht wesentlich von der Musik, mit der in seinen anderen Opern Gesellschaft dargestellt ist, die Akzente sind hier nur greller, das Vulgäre erscheint unverhüllter, wie in der dröhnenden Melodie der Blechbläser mit den stampfenden Bässen oder dem wüsten Walzer aus der Ballettmusik des dritten Aktes. In der Gesichtslosigkeit der Hexen und ihrer Gleichgültigkeit gegen das Schicksal des Einzelnen sind Züge der zunehmend anonymer erscheinenden Gesellschaft wieder zu erkennen. Die Vorhersage dessen, was geschehen wird, nimmt dem Einzelnen die Verantwortung, Ich zu sagen. Nach der Begegnung mit den Hexen singt Macbeth wie gelähmt, mit *dumpfer* Stimme, als sei ihm alle Entscheidungskraft bereits genommen.

Es ist nicht mehr der ‹sanfte› Wahnsinn Normas, den die *Große Schlafwandelszene* im letzten Akt vorführt, sondern eine furchtbare Deformation und endgültige Verlorenheit. Auch nicht mehr als Arie ist der Monolog der Lady Macbeth komponiert, es gibt weder Strophen noch wiederkehrende Abschnitte, sogar oft nur Melodiefragmente, geprägt von einem Halbtonmotiv, und statt eines Chors und des Ensembles, die in der Regel der großen Arie zusätzlichen Glanz verleihen, hört man nur die fast geflüsterten, fassungslosen Kommentare zweier Beobachter. Die Einheit der Szene entsteht durch die fahlen Instrumentalfarben (tiefe Klarinette, Englischhorn, sordinierte Streicher, Paukenschläge) und durch Orchestermotive: eine gespenstisch pochende Repetitionsfigur, ein schmerzliches Vorhaltmotiv in obsessiver Wiederholung durch das Englischhorn, ein aufsteigendes chromatisches Motiv, unablässig bohrend in Bratschen und Celli zu hören (*Una macchia*), fallende Chromatik. Allen Motiven gemeinsam sind die Enge der Intervalle, die Kürze, das *sotto voce*, die Mehrdeutigkeit ihrer Harmonien, die zwanghaft erscheinende Wiederholung. Der Gesang folgt frei deklamierend dem Text, nur wenn die Erinnerung an die Tat durch den Dämmerzustand des Bewusstseins bricht, entstehen längere, expressive Phrasen. Und weil Lady Macbeth, ein zerstörter Mensch, selbst keine Sprache mehr findet für sich, wird die einzige ‹Melodie› dieser Szene, das bewegende Lamento aus der Ouvertüre, von Englischhorn, Klarinette und Violinen gespielt, nicht gesungen. Zwar versucht Lady Macbeth noch einmal die Herrschergeste (*Banco è spento*) mit jenen Dreiklangsfiguren, in denen sie im zweiten Akt von der *Wollust* der Macht gesungen hatte, doch die aberwitzige Höhe, in die sich die Stimme zuletzt versteigt (des^3), wird Ausdruck gerade der Ohnmacht.

Auch im Ausland, selbst in New York, spielte man nun Verdis Opern. Die Londoner Spielzeit 1847 wurde mit den *Foscari* eröffnet, und zwar gleichzeitig an den beiden konkurrierenden Bühnen, an der Königlichen Oper und im Covent Garden. Nachdem Verdi schon seit längerem ein Angebot von Benjamin Lumley vorlag, dem Impresario der Königlichen Oper, machte er sich Ende Juni mit Muzio auf die Reise in den Norden, durch die Schweiz, Deutschland, Belgien und Frankreich. Barezzi las in Muzios Reisebericht: «Welch ein Chaos in London! Was für ein Gewimmel dort. Paris ist gar nichts dagegen. Leute, die schreien, arme Leute, die weinen, Rauchschwaden, die wehen, Menschen zu Pferde, in Fahrzeugen, zu Fuß, und alle brüllen wie Verdammte.» (W168) Verdi war fasziniert von dieser *großartigen Stadt*, damals der größten der Welt, indes vertrug er das Klima nicht, klagte über den *Nebel* und den *Qualm*, der ihn *ersticke*, und kam sich bei dem ständigen *Geruch nach Kohle* vor wie *auf einem Dampfschiff.* (A1, 712,711) Er ging kaum aus, nicht nur der Sprachschwierigkeiten und des schlechten Weins wegen. Bis zu den ersten Klavierproben blieben nur etwa drei Wochen, denn gerade erst hatte er mit der Komposition der *Masnadieri* begonnen, seiner zweiten Oper nach Schiller («Die Räuber»), dessen Dramen er durch Andrea Maffei kennen gelernt hatte. Nach der Premiere am 27. Juli, zu der gar Königin Victoria erschienen war, konnte Muzio nach Busseto melden: «Blumen wurden geworfen, und man hörte nichts anderes als: ‹Evviva Verdi! bietifol.›» (W169) Allerdings war die berühmte Jenny Lind fast allein schon eine Garantie für den Erfolg beim Publikum. Wenn die *Masnadieri* auch keine Aufnahme ins Repertoire fanden, hatte Verdi an diesem Auftrag doch etwa das Vierfache des Honorars verdient, das ihm in Italien gezahlt worden wäre.

Vier Monate später fand sein Debut an der Grand Opéra statt. Obwohl es als die höchste Auszeichnung eines Opernkomponisten galt, für die Pariser Oper komponieren zu dürfen, hatte Verdi einen eher schlechten Eindruck von der *affreuse boutique* (A3,335), diesem *grässlichen Laden* mit den *schlechten* Sängern und dem *höchstens mittelmäßigen* Orchester. (A1,711) Aufreibend waren die Proben, die sich hier über zwei Monate hinzogen. *Eine Oper in der Opéra ist eine Anstrengung, die einen Stier umbringt!* klagte er einmal während der Komposition der *Sizilianischen Vesper.* (A2,275) Um neben Auber, Halévy und vor allem Meyerbeer bestehen zu können, gab sich Verdi mit *Jérusalem*, der französischen Neufassung der *Lombarden*, besondere Mühe. Er strich die konventionelle Chореröffnung, das Violinsolo im dritten Akt und das etwas banale Kreuzfahrerthema, verwendete ungewohnte Sorgfalt auf die Instrumentation, schrieb ein neues Vorspiel und mehrere neue Nummern, notgedrungen auch ein Ballett, das in einer Oper für Paris keinesfalls fehlen durfte. Giuseppina Strepponi half ihm bei der Arbeit. Das Textbuch der beiden Librettisten an der Opéra, Alphonse Royer und Gustave Vaëz, war geschickter als das der *Lombarden*, weniger umständlich, historisch glaubwürdiger und enthielt im dritten Finale eine ungewöhnliche Gerichtsszene. Dass Arien und Duette vertauscht, umgestellt, zum Teil mit anderen Texten versehen wurden, zeigt indes, wie beherrschend das Prinzip der Reihung noch war. Eigentlich wartete man in Paris auf Meyerbeers neue Oper «Der Prophet». Vielleicht deshalb und wohl auch wegen des indisponierten Tenors erreichte die Premiere von *Jérusalem* im November 1847 nur einen Achtungserfolg. Dennoch erspielte sie hohe Einnahmen. Die meisten Rezensionen klangen reserviert, im Vergleich mit Meyerbeers «Hugenotten» und «Robert der Teufel», mit Halévys «Jüdin» oder Aubers «Stummer von Portici» fand man Verdis Oper schwerfällig, konstruiert, ja langweilig.

Ungeduldig wartete er in Paris auf Nachrichten aus der Heimat. Durch eine Wirtschaftskrise war der Widerstand gegen das metternichsche System gewachsen, wenngleich die Anführer der oppositionellen Gruppen noch in der Emigration lebten: Giuseppe Mazzini, der eine Republik anstrebte, die sich auch Verdi wünschte, Giuseppe Garibaldi, der sich Mazzini angeschlossen hatte, und Vincenzo Gioberti, der ein gemäßigteres Ziel verfolgte, die Errichtung einer konstitutionellen Monarchie. Dass die nationale Einigung zugleich Freiheit bedeute, war die Hoffnung, die alle bewegte. Seit dem Pontifikatswechsel 1846 richtete sie sich vor allem auf Papst Pius IX., der anfangs noch als liberal galt und mit einer Amnestie für politische Gefangene so viele Sympathien gewonnen hatte, dass während einer *Ernani*-Aufführung 1847 in Rom der Huldigungschor auf Karl V. zu einer Demonstration für den neuen Papst wurde, statt «Carlo Quinto» sang man «Pio Nono».

Ein niedergeschlagener Aufstand im September 1847 in Messina wirkte wie ein Signal, im selben Monat gab es auch Unruhen in Mailand. Ende des Jahres erschien eine neue Zeitschrift, die der gesamten Nationalbewegung ihren Namen gab, «Il Risorgimento», deren bedeutendster Mitarbeiter Camillo di Cavour war. Im März 1848 kam es dann in Palermo, Venedig und anderen Städten zu Aufständen. Fünf Tage lang,

1813	Das frühere Herzogtum Parma gehört nach der Eroberung durch Napoleon I. zu Frankreich.
1814/15	Wiener Kongress: Restauration der Verhältnisse vor der Französischen Revolution; in Italien Wiederherstellung der österreichischen Vorherrschaft. Die Habsburgerin Maria Luigia wird Herzogin von Parma.
1830	Erhebungen in Italien im Anschluss an die Pariser Juli-Revolution werden von Österreich niedergeschlagen.
1848	Aufstände gegen die Fremdherrschaft in vielen Teilen des Landes. Piemont-Sardinien wird auf Dauer Verfassungsstaat; es unterliegt im ersten Einheitskrieg gegen Österreich, bleibt aber Zentrum der Nationalbewegung.
1859	Piemont-Sardinien und Frankreich führen Krieg gegen Österreich, das die Lombardei an Piemont verliert, Venetien jedoch behält.
1860	Volksabstimmungen in den italienischen Staaten führen zur Einigung durch Anschluss an Sardinien-Piemont.
1861	Das erste italienische Parlament proklamiert Viktor Emanuel II. zum König von Italien.
1866	Österreich tritt Venetien an Frankreich ab, das es an Italien «weitergibt».
1870	Anschluss des Kirchenstaates an Italien; Rom wird Hauptstadt.

die «cinque giornate», kämpften die Bürger Mailands mit Barrikaden gegen das Militär. Als Verdi im April in Mailand eintraf, waren die Österreicher weitgehend aus der Stadt vertrieben, unter Gabrio Casati hatte sich eine provisorische Regierung gebildet, Mazzini und andere Widerstandskämpfer waren aus dem Exil zurückgekehrt. *Ich bin trunken vor Freude*, schrieb Verdi an den *Soldaten* Piave, der nun in der venezianischen Garde diente. *Ehre diesen Tapferen! Ehre ganz Italien, das in diesem Augenblick wahrhaft groß ist! Die Stunde seiner Befreiung hat geschlagen, dessen sei nur gewiss. Das Volk will sie: Und wenn das Volk will, dann gibt es keine absolute Macht, die ihm widerstehen könnte. […] Ja, ja, noch wenige Jahre, vielleicht wenige Monate, und Italien wird frei, eins, republikanisch sein.* (A1,745) Doch nach einer Offensive der Armee Radetzkys, gegen die König Karl Alberts piemontesische Truppen wie auch Freischärler unter Garibaldi vergeblich kämpften, waren schon Mitte August die alten Machtverhältnisse wiederhergestellt. *Italien? Armes Land!!!* schrieb Verdi aus Paris. Obwohl er zu den Unterzeichnern eines Schreibens an den französischen General Cavaignac gehörte, das die dringende Bitte um Hilfe aus Frankreich enthielt, ließ er Clara Maffei wissen, er hoffe nur noch auf Unruhen in Österreich. *Frankreich will keine Nation Italien.* (A1,757) Die Hymne *Suona la tromba*, die er Mazzini im Oktober schickte, kam schon zu spät, als dass sie noch *auf den lombardischen Ebenen* hätte *gesungen werden* können. (A1,759) Im Mai verhandelte er mit dem Textdichter am Teatro San Carlo in Neapel, Salvatore Cammarano, wegen einer patriotischen Oper, und der verfasste ein Libretto[27] über den Verteidigungskrieg der Lombarden gegen Kaiser Friedrich Barbarossa. *La battaglia di Legnano* wurde am 27. Januar 1849 im römischen Teatro Argentina uraufgeführt. Die Hymne der lombardischen Liga, *Viva Italia*, mit der die Ouvertüre einsetzt und die als Motto alle vier Akte verbindet, zwei feierliche Schwurszenen und zuletzt der Chor *Italia risorge (Italien erhebt sich wieder)* begeisterten das patriotisch gestimmte Publikum so, dass es eine Wiederholung des ganzen dritten Aktes verlangte. Die Parteilichkeit für den *heiligen Kampf* der Italiener gegen den *habgierigen, rothaarigen* deutschen Gegner, gegen die *Horde der Barbaren*, entsprach genau der herrschenden Stimmung in Rom, das neben Venedig noch als einzige Bastion des nationalen Widerstands hatte verteidigt werden können. Kurz vor der Proklamation der Republik Rom am 9. Februar war man natürlich auch empfänglich für die Verklärung der eigenen Ziele: *Wer für sein Vaterland stirbt, kann keine Schuld im Herzen tragen*, intonieren Chor und Solistenensemble am Ende zu Harfenarpeggien. Mit seinen letzten Worten *Italien ist gerettet* sang der sterbende Held von der Hoffnung aller, die dann schon ein halbes Jahr später zunichte wurde, als der Papst und die ehemaligen Machthaber mit französischer Hilfe in ihre alten Positionen zurückkehrten. *Die Zustände in unserem Land sind trostlos!* klagte Verdi. *Italien ist nichts anderes mehr als ein großes und schönes Gefängnis … Ein Paradies für die Augen, eine Hölle für das Herz!* [28]

Fast zwei Jahre blieb er in Paris, trotz seiner Abneigung gegen Boulevards und das mondäne gesellschaftliche Leben, die Giuseppina Strepponi teilte. Sie wohnten nicht weit voneinander, indes erwähnte er ihren Namen in seinen Briefen nie. Nach den Verheerungen durch die Revolution von 1848 bezogen beide ein Haus in der Nähe der Stadt, in Passy. Dass er von vielen Pflichten und Zwängen befreit und dass seine Privatheit geschützt war, genoss Verdi geradezu: *Es ist ein großes Vergnügen, das zu tun, was man will!!* (A1,712) Im zweiten Finale von *Jérusalem*, dem Dialog zwischen den Liebenden, findet sich im Autograph auch die Handschrift Giuseppina Strepponis.[29] Indem sie die Worte Gastons eintrug, Verdi die Hélènes, gelangte ein Versprechen in die Partitur, das bis zum Tode Giuseppinas galt.

Gaston: Mein Ruhm ist vergangen! Familie … Vaterland … alles habe ich verloren!
Hélène: Nein! Ich bleibe bei dir für das ganze Leben!

Im Sommer 1849 reiste Giuseppina Strepponi nach Florenz, um dem Bildhauer Lorenzo Bartolini die künstlerische Ausbildung ihres Sohnes Camillo anzuvertrauen. Verdi war nach Busseto gefahren und hatte gewagt, sie zu sich einzuladen, ihr aber in seiner Unsicherheit angeboten, falls ihr das langweilige Landleben nicht gefalle, sie hinbringen *zu lassen*, wohin sie wolle. «Aber zum Teufel! Hat man in Busseto verlernt, liebevoll zu sein und mit ein wenig Gefühl zu schreiben?» antwortete sie. Alles, alles werde ihr gefallen. «Wenn nur du da bist, du böses, abscheuliches Ungeheuer.» (A2,30)

«Kühne Stoffe, kühn bis zum Äußersten»

Der Palazzo Cavalli enthielt im ersten Stock, aus dem eine Loggia den Blick in einen kleinen Innenhof freigab, große, aufwendig ausgestattete Zimmer. Doch in den repräsentativen Räumen war es einsam. Da die rätselhafte Beziehung Verdis zu dieser Dame aus Paris der Kleinstadt genügend Stoff für *Klatsch, Gerüchte* und *Missbilligungen* gab (C129), lebten Verdi und Giuseppina Strepponi ganz zurückgezogen, außer Antonio und Giovanni Barezzi wurde nie jemand eingeladen. Dass Verdi gesellschaftliche Kontakte mied, nahm man ihm übel, überzeugt, Busseto habe sich doch wohl einige Verdienste um den berühmten Komponisten erworben. *Was ist daran auszusetzen,*

Der heutige Palazzo Orlandi an der Hauptstraße Bussetos hieß 1845, als Verdi das Haus des damaligen Bürgermeisters kaufte, Palazzo Cavalli. Die Räume waren keineswegs gedacht für ein Leben in Abgeschiedenheit, wie es Verdi und Giuseppina Strepponi führten.

fragte Verdi seinen Schwiegervater, *wenn ich es für richtig halte, nicht einmal bei denen Besuche zu machen, die Titel tragen? Wenn ich nicht an Festen teilnehme, an den Vergnügungen der anderen? Wenn ich meine Güter verwalte, weil es mir gefällt und mir Freude macht? Ich wiederhole: Was ist daran auszusetzen?* (C129) Dass Giuseppina Strepponi sich derart zurückzog, dass man nichts Genaues über die Art ihrer Beziehung zu Verdi erfuhr, gab erst recht Anlass zu Tuscheleien. Verdi sehnte sich nach Paris, erkundigte sich bei Escudier, seinem französischen Verleger, nach tausend Dingen und beklagte sich über das abgeschottete Leben in der Provinz. Giuseppina, die sich wie in einer Klosterzelle gefangen fühlte, bekam die allgemeine Verachtung schmerzhaft zu spüren. Für fromme Katholiken wie Verdis Eltern war ein Zusammenleben ohne den Segen der Kirche anstößig, ohnehin war jemand wie Giuseppina Strepponi nicht gesellschaftsfähig, und das nicht allein ihres zweifelhaften Rufs wegen. Unverzeihlich erschien, dass sie ihre Kinder Fremden überlassen hatte. Wahrscheinlich konnte sie, eine gläubige Katholikin, noch nicht einmal wagen, in die Messe zu gehen. Verdi war erbittert über seine *charmante Heimatstadt*: *Wie wundervoll! Wie elegant! Was für ein Ort! Was für eine Gesellschaft!* (PM251)

Anfang Oktober 1849 reiste er mit Barezzi nach Neapel, um im San Carlo die Proben für seine neue Oper *Luisa Miller* zu beginnen. Salvatore Cammarano hatte Schillers bürgerliches Trauerspiel reduziert auf ein operntaugliches Libretto, indem er auf die Abbildung gesellschaftlicher Hierarchien und die Analyse der Machtverhältnisse verzichtete. Dass aus Lady Milford eine unbedeutende Herzogin geworden war, bedauerte Verdi, doch fügte er sich trotz seiner Bedenken im Vertrauen auf Cammaranos Kompetenz. Nicht der Rechtsanspruch eines Volkes oder einer Staatsgemeinschaft wie in den patriotischen Opern war das Thema, in *Luisa Miller* ging es um den moralischen Anspruch des Individuums. Und die genaue Abbildung individueller Konflikte holte mehr Wirklichkeit ein als die vermeintlich politischen Opern mit ihren chorisch vorgetragenen Bekenntnissen. Wie die Musik fähig wird, genaue Charaktere zu zeichnen, lässt sich zum Beispiel an Miller erkennen, einer der zahlreichen Vaterfiguren Verdis, die den Zusammenbruch ihrer Wertvorstellungen erleben müssen. In der Naivität des aufrechten Soldaten wird er zunächst vorgeführt, mit dem Stolz auf seine Ehre in der schwungvollen Cabaletta (*Ah! fu giusto*). Doch im Duett mit Luisa, als Angst und Entsetzen Schwindelgefühle hervorrufen, ist die Soldatenehre bedeutungslos geworden. Das halb chromatische, in die Tiefe abgleitende Pendelmotiv der Streicher macht hörbar, wie Miller der Boden unter den Füßen schwankt.

An Luisa, der ersten bürgerlichen Protagonistin Verdis, wird die Ohnmacht des Individuums gezeigt, wenn es sich aus Machtverhältnissen zu befreien sucht. Das verbindet sie mit Gilda, Violetta, Amelia, Leonora, Elisabeth und Aida. Die Unmöglichkeit, Liebe in der Realität zu leben, wird das Paradigma schlechthin für die Unüberwindbarkeit sozialer Schranken. Wünsche und Hoffnungen des Menschen finden ihren Ausdruck in der Liebesarie, dem Duett, dem Gebet, in denen der ersehnte Zustand momenthaft oder als Vision erlebt wird. Dass Luisa eine Gefangene ist, lässt schon die Ouvertüre erkennen mit ihrem kurzen, unsteten Motiv in Moll, das kein Ziel findet. In unterschiedlichen Varianten taucht es in der Oper als Erinnerungsmotiv auf im Zusammenhang mit erzwungenen Handlungen, so mit dem Briefeschreiben. Wenn im ersten Akt der Jagdchor hinter der Bühne gerade in dem Augenblick, als Luisa erfährt, dass sie betrogen ist, wiederholt: *Die Beute ist uns sicher, sie kann nicht mehr entkommen*, klingt das wie ein zynischer Kommentar. Den Bruch zwischen Individuum und Gesellschaft macht besonders das A-cappella-Quartett im zweiten Akt hörbar. Während die Stimmen der anderen in G-Dur exakt dem Metrum folgen, löst sich Luisas Gesang in g-Moll, mit Synkopen und in großen Bögen vom vorgegebenen Taktschema. In stärkstem Kontrast zum Ouvertürenmotiv, zu Gewalt und Todesangst steht ihr *Andantino* aus dem Duett mit Miller (*La tomba è un letto*), ein Gesang vom Tod, welcher der Liebe *die Himmel öffnet*, pianissimo, *leicht*, *ganz zart* zu singen, fast tänzerisch, Vision von einem Glück, in dem alle Widerstände überwunden sind.

Nach der erfolgreichen Premiere am 8. Dezember 1849 in Neapel begann zu Hause in Busseto eine schwierige Zeit. Neue Anfeindungen, aufreibende Verhandlungen mit dem Teatro Fenice, das wie die meisten anderen Opernhäuser nach der Revolution in Geldnot geraten war, sowie eine schwere Erkältung steigerten Verdis Gereiztheit, unter der vor allem Giuseppina Strepponi zu leiden hatte. Im Juni vernichtete ein Sturm die Obst- und Weinernte. Grund für erneute Missstimmung gab Ende des Jahres eine überaus schlechte Aufführung von *Gerusalemme*, der italienischen Fassung von *Jérusalem*, an der Scala. Dann, im Januar 1851, führte ein Streit Verdis mit seinem Vater, der sich um die Verwaltung des Landbesitzes kümmerte, dabei nicht immer geschickt war und Schulden gemacht hatte, zu einem Bruch mit den Eltern, die innerhalb kurzer Zeit ihre Wohnung in Sant' Agata verlassen und in ein armseliges Haus im benachbarten Vidalenza ziehen mussten. Verdi bestand auf strikter Trennung, was die Rechte *am Haus und am Geschäftlichen* betraf (C113), und engagierte in dieser Angelegenheit eigens einen Anwalt, den er wissen ließ, dass seine Entscheidung *unwiderruflich* sei, denn er sei *all der Szenen müde*, die sein Vater *ohne Unterlass* veranstalte. Im Juni, während der Streit noch andauerte, den Verdi selbst als *peinlich und beschämend* empfand, starb seine Mutter. «Peppina leidet, ihn weinen zu sehen», berichtete Muzio. «Er will sein Haus jetzt nicht mehr verlassen.» (A2,93,94,137) Mit seinem Vater versöhnte er sich wieder.

Weil Verdi zum ersten Mal gleich zwei Verträge zu erfüllen hatte, mit dem Teatro Fenice und dem Teatro Grande in Triest, vertiefte er sich intensiver als je in seine Arbeit. Auf der Suche nach dem eigenen, unverwechselbaren musikalischen Ausdruck *in einer ganz und gar neuen Art, ohne Rücksicht auf die Operntradition* (C478), gingen ihm die unterschiedlichsten Stoffe durch den Kopf, Stücke von Byron, Hugo, Grillparzer, Racine, Alfieri und wieder Shakespeare, neben dem «Lear» auch «Hamlet» und «Der Sturm». Doch wählte er, zum ersten Mal, einen zeitgenössischen Stoff, ein Ehedrama in bürgerlich-protestantischem Milieu, das ein Jahr zuvor in Paris Premiere gehabt hatte[30], mit einem Titelhelden, der, als Pfarrer mittleren Alters, vom traditionellen Typ des Opernhelden abwich. Nach einschneidenden Veränderungen durch die Zensur wurde *Stiffelio* im November 1850 in Triest uraufgeführt.

Im April desselben Jahres hatte Verdi einen Text von Hugo entdeckt, der ihn begeisterte. *Oh, «Le roi s'amuse» ist der großartigste Stoff und vielleicht das größte Drama der Moderne!!* Er forderte Piave auf, sogleich mit Marzari in Venedig zu verhandeln. Zwei Monate lang, nachdem Piave sich in Verdis Haus einquartiert hatte, arbeiteten beide Männer ununterbrochen, zuerst am *Stiffelio*-Libretto, dann an Hugos Drama, der Vorlage zu *Rigoletto*. Das polizeiliche Verbot des neuen Projektes kam spät und so unerwartet, dass Verdi *fast den Verstand verloren* hätte. (C108) Marzari indes, der sich von der Uraufführung einer Oper des mittlerweile berühmten Komponisten eine Konsolidierung des Fenice erhoffte, versuchte, das Stück durch erhebliche Änderungen am Libretto zu retten. Mit Entsetzen las Verdi den neuen Text, aus dem alles Anstößige, Grausame und Gewalttätige entfernt worden war. Besonders geschmacklos fanden die Zensoren die Schlussszene, in der Rigoletto entdeckt, dass er nicht den Herzog, sondern seine sterbende Tochter in einem Sack an den Fluss schleppt. *Der Herzog muss unbedingt ein Wüstling sein*, verlangte er in seinem Antwortschreiben, sonst werde der Fluch, *im Original so schrecklich und erhaben, lächerlich. Ich verstehe nicht, weshalb der Sack gestrichen wurde! Was ging die Polizei der Sack an? Fürchtete sie die Wirkung? Man erlaube mir indes zu sagen: Warum will sie mehr davon verstehen als ich? Wer soll hier der Maestro sein?* Veränderte Namen, Zeiten und Orte, damit konnte er sich abfinden, aber dass Rigoletto nicht missgestaltet sein durfte, empörte ihn. *Ich finde es gerade herrlich, diese missgestaltete und lächerliche, dabei leidenschaftliche und liebevolle Figur auf die Bühne zu bringen. Ich habe den Stoff gerade dieser Eigenschaften und originellen Züge wegen gewählt, wenn man sie tilgt, kann ich keine Musik mehr dazu schreiben. Sagt man mir aber, dass meine Noten ebenso gut zu diesem neuen Text passen, dann erwidere ich, dass ich das Argument nicht verstehe, und ich sage aufrichtig, dass ich meine Noten, seien sie schön oder hässlich, nie einfach hinschreibe, sondern mich immer bemühe, ihnen einen Charakter zu geben.* (A2,87) Im Januar 1851 meldete Piave, dass die Oper endlich «ohne Brüche und Verstümmelungen» genehmigt sei. (C494)

Die Vorstellung, die Musik einer Oper müsse eine übergreifende Einheit bilden, ein keinesfalls selbstverständlicher Gedanke, führte dazu, dass Verdi mit Kompositionsskizzen arbeitete. Das dichteste Werk der volkstümlich gewordenen Trias – *Rigoletto, Il trovatore, La traviata* – wurde *Rigoletto,* seine bis dahin beste Oper, wie Verdi fand, in der ein gebrochener Charakter, ein tiefer Bariton, an die Stelle des traditionellen Heldentenors tritt. Die Entwicklung zum Operndrama lässt sich auch an der zunehmenden Bedeutung des Orchesterparts ablesen.

Die heitere Tanzmusik im *prächtigen Saal* des Herzogs, welche die ganze erste Szene begleitet, hat etwas Fassadenhaftes, ist nicht geheuer nach dem Vorspiel, dessen Fluchmotiv auf die Katastrophe vorausweist. Falsche Namen und Posen, Masken und Verkleidungen dienen der allgemeinen Verstellung, der in der Musik die Tänze entsprechen. Es ist ein derber Galopp der Banda, zu dessen Rhythmus sich die Hofgesellschaft in kaum maskierter Aggressivität selbst darstellt. Die Dialoge während der Ballmusik handeln von Klatsch, Betrug, Drohung; dem Herzog dient ein rokokohaftes Menuett, eine Anspielung auf Mozarts «Don Giovanni», zur galanten Maskierung seiner Frivolität. Nach dem rohen Racheplan der Höflinge feiert die Gesellschaft sich selbst einstimmig mit einem fast wild gesungenen Chor (*Tutto è gioia*). Auf seinem Höhepunkt aber wird das Fest jäh gestört durch Monterone, eines der Opfer der herzöglichen Willkür. Indem er das Unrecht beim Namen nennt und den Herzog und dessen Ratgeber Rigoletto verflucht, verbreitet er Schrecken wie der Komtur im «Don Giovanni». Angst und unterdrückte Wut äußern sich in einem *sotto voce* gesungenen Chor, wirklich getroffen aber ist nur Rigoletto, der vor Entsetzen verstummt.

Rigoletto ist Opfer der Selbsttäuschung, des Glaubens, der Einzelne könne durch äußere Anpassung an die Gewalt doch irgendwie seine Integrität bewahren, indem er einen privaten Raum als seine eigentliche Welt verteidigt. Diese Verblendung ist der Fluch, *La maledizione*, wie die Oper zunächst heißen sollte, und indem er nur Rigoletto trifft, nicht aber den gegen moralische Skrupel immunen Herzog, hat er nichts Magisches oder Übersinnliches. Die Erinnerung an Monterones Fluch, von der sich Rigoletto nicht befreien kann, bewirkt nicht mehr als eine dumpfe Ahnung von der Ausweglosigkeit seines Lebens, wie die stets unveränderte Wiederkehr des lapidaren Fluchmotivs zeigt. Der verhassten Welt und seinem Unglück versucht er durch Existenzspaltung zu entkommen. Sie führt zur eigentlichen Deformation, die durch Missgestalt und Narrenkostüm nur sichtbar wird. Sein *La rà, la rà* ist ein trauriger Versuch, den Ton der Höflinge zu treffen, indem er den Marschrhythmus ihres frechen Berichts übernimmt (*Scorrendo uniti*). Dass er sich in den Dienst des Herzogs stellt, ihn auch noch zur Gewalt animiert, dass er selber in der zynischen ‹Gnade› dem Opfer, Monterone, gegenüber Herrscherallüren imitiert, zeigt, wie die Anpassung ihn bis zur Menschenverachtung treibt. Holzbläsermotive in scharf akzentuiertem Rhythmus und bizarren Sprüngen lassen seine Gefährlichkeit erkennen, zugleich die Gewaltsamkeit seiner Maskierung. Aggressivität prägt auch die Cabaletta seines Duetts mit Gilda im zweiten Akt (*Sì, vendetta*), dieser geradezu lustvollen Vorstellung von seiner Rache, deren Maßlosigkeit der forcierte Trompetenklang im Nachspiel verdeutlicht.

In der inständigen Bitte um Schutz für Gilda aus dem Duett *Ah! veglia, o donna* mit den expressiven synkopischen Akzenten wird die Stimme des *anderen Menschen* vernehmbar. Das eigentliche Leben, *Religion, Familie, Heimat,* glaubt Rigoletto in seiner Tochter Gilda zu finden, ihr Bild verklärt sich ihm zur Madonna im Paradiesgarten. *Hier verwandele ich mich in einen anderen Menschen,* bekennt er vor seinem Haus, und indem die zarte Passage mit der Soloflöte nur eine kurze Episode in seinem hass- und schmerzerfüllten Monolog bleibt, zeichnet sich schon die Gefährdung seines ‹Paradieses› ab. Wie die Musik geradezu ein Psychogramm der Figur nachzeichnet, ist an Rigolettos Arie im zweiten Akt zu hören, wenn seine Erregung, im *La-rà*-Geträllere noch mühsam hinter der Narrenmaske zurückgedrängt, während der Anklage gegen die Höflinge mit den unaufhörlichen Streichersextolen übermächtig wird, wenn er sich endlich ganz ungeschützt preisgibt, indem er die Spötter um Erbarmen anfleht und am Ende ins Leere singt. Im dritten Akt, unmittelbar vor seinem Sturz, setzt Rigoletto zu seinem letzten Rachegesang an, beginnt mit großer Geste, bricht ab, beginnt wieder, wird durch die Mitternachtsschläge unterbrochen, doch statt der großen Triumpharie ist plötzlich die Canzone des Herzogs zu hören. Während *La donna è mobile* im tänzerischen Dreiertakt die Austauschbarkeit der Partner besingt und sich mit der Penetranz eines Schlagers durch die Wiederholung des Immergleichen, die stereotypen Bässe, die simplen Sequenzen im Ohr festsetzt, kommentiert sie höhnisch Rigolettos Verblendung.

Wenn Verdi nach seinem eigenen Bericht den *Rigoletto mit einer endlosen Reihe von Duetten* komponierte (C497), wenn er auf das große Ensemble und die repräsentative Arie mit Chor verzichtete, dann schärfte er die dramatische Auseinandersetzung zwischen den Personen, die nun als unverwechselbare Individuen erscheinen, sich daher in neuartigen, untypischen Formen äußern. Wie jede Stimme ihren eigenen Ausdruck auch im Ensemble behält, führt das Quartett im dritten Akt exemplarisch vor. Ganz verschiedene Gefühlsäußerungen werden in ihrer Gleichzeitigkeit abgebildet und gelangen in der ästhetischen Form zur Einheit: das Werben des Herzogs mit seiner betörenden musikalischen Gestik, Maddalenas Lachen, ihre kokett staccatierende Erwiderung, Rigolettos drohende Halbtonschritte, endlich Gildas Trauer um ihr verlorenes Glück, die lang gezogenen Schmerzenstöne, ihre sich steigernde Erregung, der stockende Atem, der Worte und Melodie zerbrechen lässt.[31]

Den dramatischen Höhepunkt bildet die Gewitterszene des Finales. Sein totentanzähnlicher Beginn mit den leeren Quinten und dem Angstlaut der Oboe deutet auf das Ende. Die Dreiklangsfiguren der Flöte und die Streichertremoli illustrie-

Bühnenbildentwurf zur Uraufführung von «Rigoletto» in Venedig. Teatro La Fenice, 11.3.1851

ren nicht nur Blitz und Donner, sondern verbinden sich mit den menschlichen Stimmen zur Darstellung des sich abspielenden Dramas. Im instrumental behandelten, chromatischen Summchor, einem bis dahin nie gehörten Klangeffekt, werden die wortlosen Stimmen aller Leidenden und Gequälten, der vielen ohne Gesicht, zum Naturlaut. Am Ende aber öffnet Gildas zarter Gesang mit den Arpeggien der Flöten und der Geigen einen ganz anderen tonalen und klanglichen Bereich und hält der Gewalt, dem Hass und der Verzweiflung die Vision einer versöhnten Welt entgegen.[32]

Die Uraufführung am 11. März 1851 mit Felice Varesi, Teresa Brambilla und Raffaele Mirate wurde Verdis bis dahin nachhaltigster Erfolg, die Kritiker lobten namentlich das Quartett und die Instrumentation. Fortan gehörte *Rigoletto* zum Repertoire auch ausländischer Opernhäuser.

Im Mai 1851 zogen Verdi und Giuseppina Strepponi nach Sant' Agata in der Gemeinde Villanova d'Arda. Fast zehn Jahre dauerte es, ehe nach ständigen Renovierungen und Umbauten aus dem einfachen Bauernhaus ein elegantes Landhaus gewor-

Sant' Agata. – «Vier Mauern, um sich gegen die Sonne und die Unbilden der Witterung zu schützen; ein paar Dutzend zum großen Teil von meiner Hand gepflanzte Bäume und ein Tümpel, den ich mit dem Titel See beehren will, wenn ich Wasser haben werde, ihn zu füllen, usw. usw. Alles das ohne Plan, ohne architektonische Ordnung.» (Busch: Verdi. Briefe, S. 81)

den war. Eine Zeit ungewohnter Stille und Einsamkeit begann. Das nächste Dorf lag einen halben Kilometer, Busseto drei Kilometer entfernt. Bei Regen war die Straße unpassierbar, und im Frühjahr führte die Ongina, über die man auf einer schmalen Holzbrücke zum Haus gelangte, Hochwasser. Manchmal glaubte man sich nur noch von Wasser, Nebel und Schlamm umgeben. Piave blieb die ersten Jahre außer den Barezzis der einzige Gast, denn seinetwegen waren keine Umstände nötig. Giuseppina Strepponi empfand besonders die Wintermonate als bedrückend, wenn das Haus im Schnee noch einsamer dalag. Weil es ihr dann draußen zu «traurig, stumm und kahl» erschien, hängte sie geblümte Gardinen vor die Fenster, um die «trostlosen Skelette» der Bäume nicht immer vor Augen zu haben. Verdi indes mit seiner «Natur aus Eisen» liebte das Land auch im Winter. (C499) Anfangs jammerte er noch, er sei dort bloß *umgeben von Bauern und Ochsen*, doch bald schon, schrieb Giuseppina an die Gräfin Maffei, empfand er das neue Leben wie «eine Offenbarung». (C498) Als Clara Maffei ihn Anfang März 1854 fragte, ob er nicht in Paris «Wurzeln schlagen» wolle, antwortete er: *Das ist unmöglich. Ich liebe meine Einöde und meinen Himmel zu sehr.* (C539) Im Sommer genoss Giuseppina Strepponi die «heilsamen Luft- und Lichtbäder», besonders hing sie am Garten, an den vielerlei Bäumen, Blumen und Vögeln. Anfangs hieß er noch «Peppinas Garten», als er größer geworden war, herrschte Verdi darin «wie ein kleiner Zar» (C498). Dass sich Sant' Agata mit der Zeit zu einem vorbildlich geführten Gut entwickelte, war sein Verdienst. Nicht nur als Komponist war er ein leidenschaftlicher und harter Arbeiter. Er eignete sich auch spezielle Kenntnisse auf dem Gebiet des Acker- und Weinbaus an, erprobte neue Weizen- und Traubensorten und kannte sich bald aus in der Rinder- und Pferdezucht, er lernte von seinen Handwerkern, übernahm bei den zahlreichen Baumaßnahmen die Aufgaben des Architekten und studierte Bewässerungssysteme, um seine Gemüsefelder aus der Ongina zu versorgen. «Die Bauern vergöttern ihn», notierte Escudier nach einem Besuch. (W182) Sie konnten ihn auf dem Viehmarkt in Cremona schon von weitem an seinem breitkrempigen Hut erkennen. Gern beriet er sich mit ihnen, wenn er die Felder inspizierte, manchmal zu Pferd, oft in langen Fußmärschen, den kleinen Spaniel Loulou unter dem Mantel oder ein Buch in der Hand. Er erholte sich so gut, dass Giuseppina Strepponi 1858 über ihn berichtete, er habe jetzt «eine unverwüstliche Gesundheit und eine Farbe, dass er in die Kolonien gehen und Zuckerrohr pflanzen» könne.[33]

Im Dezember 1851 verließen sie ihre «Höhle», wie Giuseppina das Gut nannte, und blieben ein Vierteljahr in Paris, wo *Macbeth* und *Luisa Miller* in französischer Sprache aufgeführt wurden. Verdi verpflichtete sich, ein Werk für die Opéra zu komponieren, die *Vêpres siciliennes* gelangten indes erst im Sommer 1855 zur Aufführung. In Paris bekam Verdi einen Brief von seinem Schwiegervater, der *einige sehr kränkende Sätze* enthielt. Aus irgendeinem Grunde fühlte sich Barezzi, der sich zudem in Busseto Verdis wegen manches anhören musste,

Antonio Barezzi. Fotografie. – «Sie wissen, dass ich ihm alles verdanke, alles, alles», schrieb Verdi kurz vor Barezzis Tod an Clara Maffei. «O, dieser Verlust wird schmerzlich für mich sein!» (C521)

zurückgesetzt. Verdi antwortete ihm mit einem ungewöhnlich langen und ungewöhnlich offenen Brief: *In meinem Haus lebt eine freie, unabhängige Dame, die wie ich die Einsamkeit liebt und im Besitz eines Vermögens ist, das sie gegen alle Not absichert. Weder ich noch sie sind irgendjemandem über unser Tun Rechenschaft schuldig; und übrigens: Wer weiß, welche Beziehungen zwischen uns bestehen? Welche Geschäfte? Welche Bindungen? Welche Rechte, die ich ihr gegenüber und die sie mir gegenüber hat? Wer weiß, ob sie meine Frau ist oder nicht? Und wer weiß, welche besonderen Beweggründe wir in diesem Fall haben und aus welchen Überlegungen wir darüber in der Öffentlichkeit schweigen? Wer weiß, ob das gut oder schlecht ist? Weshalb könnte es nicht auch etwas Gutes sein? Und wäre es auch etwas Schlechtes, wer hat das Recht, uns mit einem Bann zu belegen? Wohl aber kann ich sagen, dass man ihr in meinem Haus den gleichen oder sogar noch größeren Respekt entgegenzubringen hat als mir und dass es niemand daran fehlen lassen darf, unter welchem Vorwand auch immer; dass sie darauf auch vollen Anspruch hat wegen ihres Verhaltens, wegen ihres Geistes und wegen der besonderen Rücksichtnahme, die sie im Umgang mit anderen nie vermissen lässt.* (C130)

Von seiner tiefen Depression nach der Rückkehr aus Paris

im März 1852 erfuhr Clara Maffei etwas später: *Seit einiger Zeit folgen Kummer und Unglück einander mit erschreckender Schnelligkeit. Ich, der alles für ein bisschen Frieden gäbe und der alles tut, um ihn zu finden, kann es nicht: Ich reise in der Welt herum, von lärmenden Städten aufs fast menschenleere Land, alles bleibt vergeblich.* (C530) Er hatte Cammarano gedrängt, denn Zeit war *etwas äußerst Kostbares* (A2,121), endlich das Libretto für die neue Oper *Il trovatore* abzuschließen, zum ersten Mal kein Auftragswerk, ein Projekt, das Verdi schon seit einem Jahr beschäftigte. Cammarano aber, nach der Revolution in Not geraten, weil ihm das San Carlo monatelang, trotz flehentlicher Briefe, sein Gehalt nicht mehr gezahlt hatte, war erkrankt. Die Nachricht von seinem Tod im Juli 1852 traf Verdi völlig unerwartet. Er half der Witwe und den sechs Kindern mit einem Geldbetrag. Cammaranos Arbeit führte dann ein junger venezianischer Librettist, Leone Emanuele Bardare, zum Abschluss.

Der *Troubadour* wurde zum Inbegriff der italienischen Oper. *Wenn du nach Indien oder ins Innere Afrikas führest, würdest du den Troubadour hören*, schrieb Verdi 1862 an einen Freund. (A2,699) Mit seinen wirkungsvollen Belcanto-Nummern und Unisono-Chören blieb er eine der populärsten Opern Verdis, wenn auch das Libretto als höchst verworren gilt. Dass die Szenen nicht kontinuierlich aufeinander folgen, dass nur Momentaufnahmen aus dem Handlungszusammenhang herausgegriffen sind, den kurze Rückblenden allenfalls andeuten, und dass die acht Bilder sprunghaft wechseln, gehört zum ästhetischen Programm des «romanticismo». Welche entscheidenden Ereignisse beispielsweise zwischen dem ersten und dem zweiten Teil liegen – ein Duell der Brüder und später eine Schlacht zwischen ihren Truppen –, erfährt man erst im Nachhinein und wie beiläufig. Weder auf Kontinuität noch auf historische Authentizität kam es bei der Romantisierung des Mittelalters an, sodass von Hexenverbrennungen, Zigeunern und Troubadours die Rede ist, um 1400 lauter Anachronismen. Allein wichtig sind die balladeske Wirkung der unerhörten Vorfälle, die Buntheit und Ausdruckskraft der Bilder. Das Leben selbst in seiner Vielfalt auf die Bühne zu bringen, wie es Shakespeare getan

Bühnenbild zum 1. Teil des «Troubadour» von Girolamo Magnani für eine Aufführung in Parma 1853. Lithographie. – Im Schlossgarten, bei Mondschein, «sang ein Troubadour ein schwermütiges Lied». (Cavatine der Leonora I,2)

hatte, «dieser Gott des Theaters», und so das «baufällige Haus der Schulmeisterei» einzureißen[34] war die Absicht Victor Hugos und seiner Nachfolger, zu denen auch Antonio García y Gutiérrez gehörte, der als Dreiundzwanzigjähriger das Drama «El Trovador» geschrieben hatte, nach dem Cammarano sein Libretto verfasste und damit Verdis Wunsch nach *neuartigen, originellen, einzigartigen* und *bizarren* Stoffen entsprach.[35] Verdis Prinzip der *varietà*, der melodischen Vielfalt und der Ausdruckskontraste, auch die verschwenderische Fülle von Melodien sind ein Versuch, diese Vielfalt des Lebens musikalisch einzuholen. Dass der Handlungsort für Hugo und seine Schule eine «Art stumme Person» war, ohne die das Drama unvollständig bliebe[36], führt im *Troubadour* dazu, typische Schauplätze der Schauerromantik zu zitieren: ein Schloss, auf dessen Dächern es spukt, einen Palastgarten, in dem nachts ein unbekannter

Troubadour singt, ein nächtliches Zigeunerlager, den Kreuzgang eines Klosters, ein Soldatenlager, den finsteren Kerker in einem Turm. Mit dem Rätsel der Herkunft Manricos wird ein Motiv aus *Nabucco* (Abigail) und *Rigoletto* (Gilda) aufgegriffen, das, auch ein Topos der Opern Wagners, noch in der *Sizilianischen Vesper* (Henri) eine Rolle spielt.

Das Motiv der feindlichen Brüder spiegelt den Zustand einer Gesellschaft, in der Rache anstelle von Gerechtigkeit geübt wird. Wenn am Ende die Stimmen der Vergänglichkeit und des Todes, die Totenglocke, ein Miserere und ein Trauermarsch, den Hintergrund bilden für den Gesang der Liebenden, charakterisiert das die Hoffnungslosigkeit dieser Welt, in der Leonoras Opfertod genauso sinnlos ist wie Lunas Rache, die ja den eigenen Bruder trifft. Stellvertretend für die Opfer, die vom Recht ausgeschlossen sind, steht die Zigeunerin Azucena, traumatisiert durch den Tod der Mutter auf dem Scheiterhaufen, heimgesucht von Wahnbildern. Die scharfen Rhythmen und die hochschnellende Gestik ihrer Melodien spiegeln das Bild der Flammen, das sie verfolgt, die hartnäckige Wiederkehr desselben Tons ist Zeichen ihrer Obsession. Wenn ihr Gesang in der *Erzählung* II,5 (*Condotta ell'era in ceppi*)

Zweimal kehrt das Flammenmotiv *(Stride la vampa)* als Orchestermotiv wieder. Die gezackten Melodielinien zeichnen das Bild der Flammen nach.

die Balladenform zerbrechen lässt, fällt der Kontrast zu den Arien und Duetten der übrigen Personen auf, deren eher operntypische Gefühle sich in die vertrauten Formen fügen. Dass Verdi sich damit seinem erfahrenen Librettisten wider besseres Wissen anpasste, lässt ein Satz im Brief vom 4. April

Giuseppe Verdi mit dem Kreuz der Ehrenlegion. Fotografie, vermutlich um 1870

1851 an Cammarano vermuten, in dem Verdi eine ähnliche Vorstellung äußert, wie sie Wagner etwa zur gleichen Zeit in seinen Schriften[37] ausführte: *Wenn es in den Opern weder Cavatinen noch Duette, Terzette, Chöre, Finali usw. gäbe und wenn die ganze Oper (ich könnte fast sagen) nur eine einzige Nummer wäre, fände ich das vernünftiger und richtiger.* (A2,122)

Wie berühmt er geworden war, konnte man nicht nur an der Auszeichnung mit dem Kreuz der Ehrenlegion erkennen, sondern auch daran, dass sich ein erster Biograph, Luzatti, meldete, der Verdis halbherziges Einverständnis erhielt, und zwar unter der Bedingung, keinesfalls die fatale Rolle der Kleriker zu übergehen, die seine Anstellung als Maestro in Busseto hatten verhindern wollen. Seine Abneigung gegen Priester konnte Verdi nie überwinden, respektlos nannte er zwei seiner Hunde Pretin (kleiner Priester) und Prevost (Propst). Nachdem Luzattis Projekt an Verdis Widerstreben gescheitert war, stellte Giuseppe Demaldè, ein langjähriger Freund aus Busseto, die ersten biographischen Anmerkungen zusammen, die «Cenni biografici del Maestro Verdi».

Anfang Januar 1853, noch vor der Premiere des *Troubadour*, berichtete Verdi seinem Freund Cesare De Sanctis von einem neuen, völlig andersartigen Projekt. *In Venedig mache ich «Die Kameliendame», die vielleicht den Titel «Traviata» bekommt.*

Verdi-Karikaturen des Zeichners Melchiorre Delfico. – «Du weißt», schrieb Verdi 1853 an Piave, «dass ich keinen Biographien nachgelaufen bin; du weißt, dass sie mich stets im höchsten Maße angeekelt haben.» (Busch: Verdi. Briefe, S. 52)

Ein zeitgenössischer Stoff. Ein anderer hätte ihn vielleicht nicht genommen wegen der Sitten, wegen der Zeit und wegen tausend anderer lächerlicher Bedenken. (C532) Wahrscheinlich hatten er und Giuseppina Strepponi ein Jahr zuvor im Pariser Vaudeville-Theater «Die Kameliendame» von Alexandre Dumas d. J. gesehen. Obwohl er wusste, dass ein zeitgenössisches Thema den Erwartungen an eine Oper widersprach und dass die Wahl einer Kokotte als Protagonistin das Publikum irritieren würde, bestand Verdi auf *kühnen Stoffen, kühn bis zum Äußersten* (A2,189). Möglicherweise haben die Spannungen und Brüskierungen in Busseto die Wahl des Sujets beeinflusst und sich in der Komposition niedergeschlagen. Ein oppositioneller Gestus in bestimmten realistischen Zügen dieser Oper ist zu erkennen, in der auffallend oft von Geld die Rede ist, in der Besitzverhältnisse und bürgerliche Verhaltensnormen den Handlungsverlauf entscheiden, nicht bloß dessen Hintergrund bilden. Dennoch wird Violettas Martyrium, ihre zunehmende Vereinsamung in einer inhumanen Gesellschaft, mit ästhetischer Distanz dargestellt, Elend, Armut und Krankheit erscheinen stilisiert. *La traviata* ist keine realistische und auch keine autobiographische Oper. Verdis auffallend zurückhaltende Kommentare und lakonische Mitteilungen an die Freunde über den Misserfolg der Uraufführung verraten dennoch Verletztheit. Die Themen Liebe und Tod, die ihn zu immer neuen musikalischen Ausdrucksformen antrieben, mied er im Gespräch und in Briefen, als hätte er ihnen durch die Tabuisierung einen Schonraum bewahren wollen.

Im Gegensatz zu allen früheren Opern konzentriert sich das dramatische Geschehen, dessen Schauplätze ausschließlich Innenräume sind, auf eine einzige Gestalt, Violetta, deren Gesangspartie die der anderen weit überragt. Als Femme fragile mit übergroßer Sensibilität und Leidensfähigkeit entspricht sie einer im 19. Jahrhundert verbreiteten Imago des Weiblichen, in ihrem Streben nach Unabhängigkeit und ihrem Freiheitsanspruch aber wirkt sie geradezu modern. Dass es die Lust zu leben ist, die sie von *Vergnügen zu Vergnügen* treibt, kann man den Walzern, dem *Trinklied* und besonders ihrer *sehr bril-*

lanten Cabaletta (*Sempre libera*) anhören, dieser rastlosen Abfolge der Töne, die einen Ruhepunkt immer weiter hinauszögern. Die Szenenfolge wird bestimmt vom Prinzip des scharfen Kontrastes, auf die Idylle folgt die Desillusionierung, die tiefste Erniedrigung Violettas geschieht während eines Balls, und Bacchanal und Sterbeszene sind hart gegeneinander gesetzt. Im Landhaus, das der Ort sein könnte für ein Leben wie *im Himmel*, so schwärmt Alfredo, gibt es kein Liebesduett, stattdessen schlägt die Handlung mit der Auseinandersetzung zwischen Violetta und Germont jäh in die Katastrophe um. Als Verteidiger einer schon nicht mehr intakten Welt kämpft Alfredos Vater um den Besitz und die gesellschaftliche Stellung seiner Familie. Auch wenn er seinen Anspruch religiös verklärt, fordert er unerbittlich Violettas Opfer, damit die eigene Tochter nicht zu verzichten braucht, denn die ist eine Bürgerliche und *rein wie ein Engel.* An Germont ist zu beobachten, wie die musikalische Charakteristik des um seine Kinder leidenden Vaters im Vergleich zu Verdis früheren Opern kritischer wird. Das strenge Orchestermotiv, das Germonts Auftritt ankündigt, betont sogleich dessen Anspruch auf unbedingte Autorität. Gegen den übermächtigen Vater wagt auch der Sohn keinen Einspruch. Dass sich Germont nach dem ersten Einschüchterungsversuch die Dankbarkeit Violettas für sein Lob zunutze macht, indem er ihre Melodie (*Oh, come dolce*) geschickt für seine Forderung übernimmt, verrät den Taktiker, ebenso die Art, wie er vom bedrohten Glück seiner Tochter singt, *dolcissime*, mit gefühlvollen Doppel- und Vorschlägen. Die kritische Sicht der Figur, der Verzicht auf den gewohnten heroisch-passionierten Ton provozierte einen unüberwindlichen Widerwillen Varesis, der Macbeth und Rigoletto so überzeugend verkörpert hatte, gegen diese Rolle. Germont verliert nie die Contenance. Sein beherrschter As-Dur-Gesang in ganz regelmäßiger Form steht in scharfem Kontrast zu Violettas erregter Erwiderung in c-Moll (*Vivacissimo, ancora più vivo*), den gehetzten, richtungslos rotierenden Tonfolgen. Sie wehrt sich wie um ihr Leben. Germonts Reaktion auf ihre verzweifelten, nicht enden wollenden Tonwiederholungen, auf den Notruf ihres höchsten Tons besteht in der unerbittlichen Wiederholung einer herablassend belehrenden Phrase (*È grave il sagrifizio*), und mit dem Pathos der Selbstgerechtigkeit trägt er die Auffassung des Bürgers von der Fragwürdigkeit der so genannten Liebe vor. Violetta aber ist schon nicht mehr erreichbar für Belehrungen oder Trost. Als sie die Unmöglichkeit ihrer Liebe unter den realen Verhältnissen begriffen hat, äußert sich ihr Verzicht in einer Moll-Variante des Liebesthemas, einem Abschiedsgesang, den sie *da sè*, nur für sich singt, in einem ganz anderen tonalen und klanglichen Raum, unendlich fern von Germont, der, wenn auch nicht ohne Mitgefühl, sein Interesse endgültig durchsetzt. Wie in diesem Duett, das Verdi selber für sein bisher bestes hielt, der Ausdruckswille die vorgegebene Form verändert, zeigt sich in der Umkehrung der gewohnten Abfolge Andante-Allegro. Auf den ungleichen Kampf (*Allegro moderato, Vivacissimo*) folgt Violettas Einverständnis, ihre stille Es-Dur-Kantilene im *Andantino.* Darin, dass Violetta gar nicht durchschaut, wie sie die Betrogene ist, dass sie sich an die Illusion klammert, durch ihren Verzicht doch irgendwie in die Familie der Bürger aufgenommen zu sein, dass sie sich auch noch selbst als die Schuldige bezeichnet, als die *traviata,* die vom rechten Weg Abgekommene, liegt ein kritisches Element dieser Oper, das einer distanzlosen Rührung des Zuschauers entgegenwirkt.

Die Nähe von Liebe und Tod, die der frühere Titel *Amore e morte* noch ausspricht, findet im Vorspiel ihren musikalischen Ausdruck. Auf überaus zarte Akkordfolgen der geteilten Violinen mit ihrem unwirklichen Glanz, im Vorspiel zum dritten Akt der Sterbeszene zugeordnet, folgt Violettas Liebesthema (*Amami, Alfredo* II,6), im Rhythmus und in der fallenden Bewegung der Sterbemusik ähnlich und wie diese mit einem Trugschluss nach dem 7. Takt, gleichsam ohne Abschluss, sodass die Unerfülltheit mitkomponiert scheint. Alfredos Liebesthema, in allen drei Akten an dramatisch entscheidenden Stellen wiederkehrendes Erinnerungsthema, in seinem $^3/_8$-Takt und dem Aufschwung zum Gipfelton vitaler, ist dennoch im Gestus von solch auffallender Ähnlichkeit mit Violettas Liebesthema, als sei es dessen Variante. Die wiederkehrenden

Vorspiel zu «La traviata». – Die extreme Klangfarbe der vierfach geteilten Violinen charakterisierte schon im Vorspiel zu Alziras Traumerzählung die ganz andere Sphäre. Sie erinnert an Wagners Instrumentation im Vorspiel zu «Lohengrin», den Verdi aber noch nicht kannte.

Themen und Klangfarben gehören zu den Mitteln Verdis, mit der Oper auch musikalisch eine Einheit zu schaffen. Erst ganz am Ende singen Alfredo und die todkranke Violetta ein Liebesduett (*Parigi, o cara*). Ihr Gesang von einer gemeinsamen Zukunft aber ist wie ein Wiegenlied, mit dem sie einander in den Traum singen.[38] Anstelle des traditionellen abschließenden Höhepunkts klingt die gemeinsame Kadenz im äußersten piano wie eine ungläubig geflüsterte Glücksbeschwörung.

Das kommende Fiasko ahnte Verdi bereits, als er mit rheumatischen Schmerzen im rechten Arm noch an der Partitur schrieb. Dass man vorsichtshalber die Handlung ins 17. Jahrhundert verlegt hatte und die Sänger in Brokatkostümen, gelockten Perücken und Spitzenkragen auftreten ließ, dass überdies die Titelrolle mit der eher fülligen, schon nicht mehr jungen Fanny Salvini-Donatelli besetzt war und dass die übrigen Darsteller, auch Varesi, schlecht sangen, musste zum Misserfolg führen.

Zu Hause fand er Giuseppina Strepponi krank und niedergeschlagen. In einer Zeitschrift hatte sie Gerüchte über Beziehungen Verdis zu einer Sängerin gelesen. Obwohl seine Schwä-

Gartentor in Sant' Agata. – Zur Erinnerung an bestimmte Opern hatte Verdi begonnen, Bäume zu pflanzen: eine Platane für «Rigoletto», eine Eiche für den «Troubadour» und für «La traviata» eine Trauerweide.

chen ihrem Scharfblick nicht entgingen, obwohl sie auch sah, dass Geld ihn faszinierte, dass er, bloß um «Geld anzuhäufen», «wie ein Sklave schuftete» (A2,205,220), liebte sie ihn und ertrug seinen manchmal barschen Ton, seine Reizbarkeit und Übellaunigkeit. Sie wusste, er war ein «Dickschädel» mit dem «Herzen eines Engels». (A2,203) «Unsere Jugend ist dahin, dennoch bedeuten wir einander noch immer die Welt», hatte sie, die Siebenunddreißigjährige, ihrem «Zauberer» nach Venedig geschrieben.(A2,220) Den September dieses Jahres verbrachten beide in Neapel, in einer Wohnung am Meer, die De Sanctis ihnen besorgt hatte. Es solle ein *Geheimnis* bleiben, bat Verdi ihn, und er wolle dort *weder Opern noch Opernvorschläge hören.* (A2,252) Einen Monat später reisten beide für zwei Jahre nach Paris.

«Am ersten Theater der Welt»

Trotz der vielen Schwierigkeiten, die mit der Arbeit an der Opéra verbunden waren und über die Verdi nicht aufhörte zu klagen, entgegen allen Unmutsäußerungen über die Zeitverschwendung, die Kälte, den Nebel, trotz alledem hatte Paris eine besondere Anziehungskraft auf ihn. Denn hier, nicht in Italien war das Zentrum der Opernwelt, nirgends sonst übte die Oper eine derartige Faszination auf das große Publikum aus. Einmal war sogar das französische Parlament nicht beschlussfähig gewesen, weil am selben Tag viele Abgeordnete in der Premiere des «Propheten» von Meyerbeer saßen.[39] Man konnte immer wieder staunen über die blendenden Inszenierungen, die pantomimischen Wirkungen in ausgefeilten Choreographien, über die scheinbar unendliche Tiefe der Bühne, auf der täuschend echt Katastrophen, Massenauftritte und andere spektakuläre Szenen gezeigt wurden; über die Licht- und Farbeffekte sowie die Magie der Dioramen, auf tansparenten Grund gemalter, von hinten beleuchteter Bilder, die eine verblüffende Illusion erzeugten. Als zum ersten Mal elektrisches Licht eingesetzt wurde, im «Propheten» zur Darstellung eines Sonnenaufgangs und des großen Brandes am Ende, hatte das einen unerhörten Eindruck hinterlassen. Dass man in den historischen Sujets der Opern – der Wiedertäufer-Bewegung im «Propheten», der Bartholomäusnacht in den «Hugenotten» – eigene Erfahrungen wie die bedrohliche Verselbständigung einer sozialrevolutionären Bewegung und die Verführbarkeit der Massen gespiegelt fand, war ein Grund für die damalige Aktualität der Grand Opéra.

> Nach dem Ausspruch der kompetentesten Richter müssen jetzt alle Musiker, die für die Oper schreiben wollen, vorher die «Hugenotten» studieren.
>
> Heinrich Heine 1837, 9. Brief «Über die französische Bühne»

Mit Meyerbeer, dem berühmtesten Opernkomponisten seiner Zeit, wollte Verdi sich messen. Die vergrößerten Dimen-

Die Académie Royale de Musique. Stich, 1844. – Den Namen der Opéra änderte man nach jedem politischen Umsturz, zehn Jahre später hieß sie Théâtre Impérial de l'Opéra. Das von Operndirektor Duponchel geleitete Haus mit seinen fast 2000 Plätzen wurde das ganze Jahr über bespielt.

sionen der französischen Oper bedeuteten, dass ein historischer Stoff in fünf Akten mit großem Ballett zu komponieren war. Abgesehen von den klanglichen Raffinessen in Meyerbeers Opern, an denen Berlioz in seiner Instrumentationslehre die Kunst des Orchestrierens demonstriert hatte, faszinierten Verdi die großen Chorszenen, die spektakulären Tableaus, vor allem die Schwerterweihe in den «Hugenotten» und die Krönungsszene des «Propheten». In diesem Wettstreit um Originalität, wie er auch im Kampf der Klavier- und Geigenvirtuosen zu beobachten war, konnte nur der gewinnen, der die schon bekannten Effekte noch überbot und mit nie Gesehenem, nie Gehörtem in überraschenden Bildwechseln das Publikumsinteresse wach hielt. Eigentlich widerstrebte Verdi, der immer auf möglichste Kürze und Einfachheit drängte, diese Tendenz zum Revuehaften. Wenngleich er einen ausgeprägten Sinn für Theaterwirkungen hatte, machte er einer bloß makabren Schaulust keine Zugeständnisse. Nur für einen kurzen Moment ist, begleitet vom barbarischen Chor der Fanatiker, das Massaker am Schluss der *Sizilianischen Vesper* wahrzunehmen. Selbst Meyerbeer hatte anlässlich der «Hugenotten»-Premiere zugegeben, vor einem «Succes in dieser wahnsinnigen tollen Epoche» müsse man eigentlich «erröthen»[40], dennoch war er für seine Jagd nach Beifall berüchtigt und verstand es, wie Verdi aus einer Zeitung zitierte, *einen Erfolg sechs Monate im Voraus im Dampfkessel der Presse zum Kochen zu bringen* (A2,265).

Premieren an der Pariser Grand Opéra:

1828 Die Stumme von Portici (Daniel François Esprit Auber)
1829 Wilhelm Tell (Gioacchino Rossini)
1831 Robert der Teufel (Giacomo Meyerbeer)
1835 Die Jüdin (Jacques Fromental Halévy)
1836 Die Hugenotten (Giacomo Meyerbeer)
1838 Benvenuto Cellini (Hector Berlioz)
1847 Jérusalem (Giuseppe Verdi)
1849 Der Prophet (Giacomo Meyerbeer)
1855 Die sizilianische Vesper (Giuseppe Verdi)
1863 Die Trojaner (Hector Berlioz)
1865 Die Afrikanerin (Giacomo Meyerbeer)
1867 Don Carlos (Giuseppe Verdi)

Der Vertrag mit dem Intendanten Roqueplan über eine Oper am *ersten Theater der Welt* (A2,265) wurde im Februar 1852 unterschrieben. Selbstverständlich sollte Eugène Scribe, der Librettist Meyerbeers und der berühmteste in Europa, das Textbuch schreiben. Im Libretto, auf das man sich schließlich einigte – es hatte schon ein wenig Staub angesetzt, als «Le Duc d'Albe» war es bereits Halévy, dann Donizetti angeboten worden –, nahm die eine große Szene Verdi sogleich für den Stoff der *Sizilianischen Vesper* ein: wie Montfort, der französische Gouverneur, die Verschwörer nur dann begnadigen will, wenn sein Sohn Henri, einer der Verschwörer, ihn mit «Vater» anredet, und wie dieser, um die Geliebte zu retten, endlich seinen Widerstand aufgibt und im letzten Augenblick die Exekution verhindert. Die drohende Revolte, die Vorbereitungen zur Hinrichtung, dabei der Herrscher, der vor den Augen des Volkes um die Liebe seines Sohns bittet, schließlich das erlösende «Mon père» – die Dramatik dieser Szene ließ Verdi alle Bedenken vergessen. Doch die Komposition ging ihm diesmal

Benjamin Roubauds Zeichnung von 1841 nach einer Lithographie von Marcelin karikiert Eugène Scribe als Kaufmann im Kontor seiner Librettofabrik, wo Textbücher aus Versatzstücken produziert werden, die in zahllosen Schubladen lagern. Scribe braucht bloß zu unterschreiben (pièces à signer). Um seinen Schreibtisch stapeln sich die Libretti und in Säcken die Erträge aus den Urheberrechten.

schwer von der Hand. Als die exzentrische Sopranistin Sophia Cruvelli während der Proben einfach an die Côte d'Azur verschwand, hoffte Verdi, endlich einen Grund zu haben, der Opéra den Rücken zu kehren – vergeblich, denn die Cruvelli kam wieder. Während der Proben machte Verdi den Sängern schreckliche Szenen, und bei Crosnier, dem neuen Intendanten, beschwerte er sich über Scribe, der die verlangten Änderungen im fünften Akt nicht lieferte, drängte sogar auf Vertragslösung. Heilfroh war er, als er die Oper endlich beendet hatte.

Der Konvention der Grand Opéra war er mit dem historischen Sujet gefolgt, dem Volksaufstand in Sizilien 1282 gegen die französische Fremdherrschaft, ferner mit Tableaus und schockartigen Elementen, er hatte zahlreiche Anregungen aus Meyerbeers Opern verarbeitet und sich auch um ein wenig Lokalkolorit bemüht.[41] Wenn man im zweiten Finale gleichzeitig mit der Barkarole der Festgesellschaft den Chor der empörten Sizilianer hört, erinnert dieser simultane Kontrast an den dritten Akt der «Hugenotten», wo das Ave Maria («Vierge Marie») vom «Rataplan» der Soldaten kontrapunktiert wird. Im Duett des dritten Aktes zwischen Hélène und Henri ist das berühmte Vorbild aus dem vierten Akt der «Hugenotten» zu erkennen, und Montforts «Au sein de la puissance» greift einen melodischen Einfall aus der «Schwerterweihe» auf. Angeregt von Meyerbeers Partituren, hatte Verdi eigenartige Klangwirkungen gewählt, besonders mit dem expressiven Einsatz von Bassinstrumenten, und Berlioz lobte in «La France Musicale» denn auch «die üppige Vielfalt der Instrumentationskunst» (A2,300). Am Ende hatte Verdi mit den *Vêpres siciliennes* dann doch keine Grand Opéra geschrieben. Denn wie im *Rigoletto* sind es vor allem die Duette, in denen sich die Dramatik abzeichnet, nicht die großen Tableaus, sondern die Begegnungen zweier eng miteinander verbundener Menschen: zwei Duette der Liebenden, zwei zwischen Vater und Sohn. Henri, der unschlüssige, skrupulöse Held, Montfort, der vereinsamte, in seiner Autorität unsicher gewordene Herrscher, Hélène, die zuerst, eine Art Charlotte Corday, zum Tyrannenmord entschlossen ist und nach ihrer Begnadigung jegliche Feindschaft vergisst, sie alle sind unsicher in ihrem Selbstverständnis, ratlos einem Geschehen ausgeliefert, welches das leitmotivische Todesmotiv , durch Pauke und Trommel in der Ouvertüre exponiert, von Beginn an bestimmt. Unglaubwürdig gerät nur Procida, der Anführer der Revolte. Und wie das Volk hilflos, ja unmündig erscheint, klingen nach den Erfahrungen der gescheiterten Freiheitsbewegung auch die patriotischen Gesänge dieser Oper anders. Die vaterländische Hymne *O noble patrie* wird mit ihren leeren Oktaven und lastenden Akzenten zu einem traurigen Gesang, an dessen Hoffnungslosigkeit die später einsetzende pompöse Orchesterbegleitung nichts ändert. Keine Utopie von einem anderen Leben, keine Vision des «offenen Himmels» wie in Sterbeszenen früherer Verdi-Opern mildert die Katastrophe. Im Gedächtnis bleibt die überaus zarte Melodie der sordinierten

1. Violinen im vierten Finale, die Hélènes *Adieu mon pays, je succombe*, rhythmisch verändert, wieder aufnehmen, sehr verlangsamt und auch jetzt, wie schon in der Ouvertüre, begleitet vom Todesrhythmus – im Gedächtnis bleibt die Trauer des Abschieds. Trotz der antifranzösischen Tendenz des Sujets hatte die Uraufführung einigen Erfolg, eine Repertoireoper wurde *Die sizilianische Vesper* indes nie.

Erst im Dezember 1855 kehrte Verdi nach Sant' Agata zurück. Er war erschöpft und gereizt nach Streitigkeiten mit Tito Ricordi wegen nachlässig geführter Verhandlungen und fehlerhafter Editionen. Auch mit Calzado, dem Impresario des Italienischen Theaters in Paris, hatte es Ärger wegen nicht gezahlter Tantiemen gegeben. Wie üblich, wenn die Arbeit an einer Oper beendet war, litt Verdi unter Magenbeschwerden. Clara Maffei berichtete er Anfang April: *Ich beschäftige mich mit nichts, lese nicht, schreibe nicht. Von morgens bis abends spaziere ich über die Felder und versuche mich zu erholen. […] Verfluchte, verfluchte Opern!* (C443) Den Prozess, den er im Sommer des nächsten Jahres in Paris gegen Calzado führte, um seine Autorenrechte einzuklagen, verlor er. Ein Ausländer, das galt ebenso für England, hatte keinen Anspruch auf Tantiemen, konnte sich auch kaum gegen Raubdrucke wehren. Die Arbeit an der französischen Fassung des *Troubadour*, der als *Le Trouvère* Anfang 1857 in der Opéra Premiere hatte, nahm weitere Zeit in Anspruch. Von Paris aus korrespondierte er mit Piave über eine Umarbeitung des *Stiffelio*, hauptsächlich aber ging es um eine neue Oper für Venedig, zu der ihn Piave doch wieder überredet hatte. Wie schon für den *Troubadour* bildete die Vorlage ein Drama des Spaniers Gutiérrez über einen Dogen aus dem 14. Jahrhundert, Simone Boccanegra.

In seiner Ungeduld ertrug es Verdi offenbar nicht, sich mit Piave immer nur in Briefen über das Textbuch auseinander zu setzen. Kurzerhand bat er Giuseppe Montanelli, einen toskanischen Schriftsteller und Juristen, der in Paris im Exil lebte, Piaves Text zu überarbeiten. Dem schickte er das fertige Libretto mit dem lakonischen Kommentar: *Es war notwendig.* Piave könne seinen Namen darunter setzen oder es bleiben lassen.

(A2,375) Wenn Verdi sich im Unrecht fühlte, konnte er besonders schroff und kränkend sein. Diesmal ging es gegen den Freund, den er ein andermal wieder gegen diejenigen Kritiker verteidigte, die Piave für einen miserablen Librettisten hielten. Die geradezu feindselige Aufnahme des *Simon Boccanegra* beim Publikum lag nicht allein an dem dunklen Orchesterkolorit, den langsamen Tempi, dem Verzicht auf große Chöre, der neuartigen Figurenkonstellation, in der die tieferen Stimmen, ein Bariton und zwei Bässe, dominieren. Der Text kam Arrigo Boito, Verdis späterem Librettisten, vor «wie ein Tisch, der wackelt, man weiß nicht, auf welchem Bein». Den Prolog nahm er aus, der sei «wirklich schön und stark in seiner gänzlichen Finsternis», «dicht und dunkel wie ein Stück Basalt». (VB81) Dem Fiasko der Uraufführung am 12. März 1857 in Venedig folgten weitere Fehlschläge, sodass die Oper nicht mehr auf den Spielplänen erschien. Viele Jahre später erst, 1881, entstand nach einer gründlichen Umarbeitung die heute bekannte Fassung.

Verdi hatte weitere Ländereien und ein großes Gut gekauft. Den ganzen Tag brachte er auf den Feldern zu, manchmal jagte er in den Flussauen oder ritt durch die Wälder. Die Arbeit unter ständigem Termindruck hatte ihn erschöpft, er sei *zu lange an der Kette gewesen*, sagte er zu Giuseppina Strepponi. (A2,420) Ende September fuhren beide nach Rimini zur Premiere des *Aroldo*. Aus *Stiffelio*, dem Drama um einen Geistlichen, war eine Kreuzfahreroper geworden, die dem Publikum gefiel. Den Dirigenten Angelo Mariani, einen der besten in Italien, kannte Verdi schon mehr als zehn Jahre, nun wurde der gemeinsame Erfolg der Beginn einer engen Freundschaft. Beide stimmten in ihren politischen Vorstellungen überein, der neun Jahre jüngere Mariani trug wie Verdi einen Mazzini-Bart, war sogar einmal inhaftiert worden, weil eine *Nabucco*-Aufführung unter seinem Dirigat patriotische Kundgebungen provoziert hatte. Als Chefdirigent der Oper und des städtischen Orchesters in Genua genoss er großes Ansehen, er war ein temperamentvoller Musiker und ein liebenswürdiger, äußerst lebhafter Gesprächspartner. Die Vitalität des Jüngeren wirkte anziehend auf den vierundvierzigjährigen Verdi. Überdies teilten beide das Interesse an Literatur, beide sammelten Autographen, beide liebten sie die Jagd. Mariani blieb unabhängig genug, auch Opern von Meyerbeer und später von Wagner zu dirigieren. «Napoliello» nannte Verdi ihn, den «kleinen Napoleon».

Angelo Mariani. Stich 1857

Außer Mariani und Piave gehörten noch der Bildhauer Luccardi und der Journalist Arrivabene aus Rom sowie der neapolitanische Geschäftsmann De Sanctis zu Verdis engeren Freunden. Er gewann leicht die Zuneigung anderer. Freunden gegenüber gab er seine übliche Reserviertheit, die aus Skepsis und Misstrauen erwuchs, ganz auf, sein Umgangston wurde herzlich und direkt, zuweilen konnte er auch grob sein. Ohne Scheu spannte er seine Freunde für allerhand Dienste ein. Mariani überhäufte er mit Aufträgen: Bilder abzuholen, seltene Samen, Knollen und Pflanzen aus Genuas Baumschulen mitzubringen – einmal zehn Magnolien, 1,50 m hoch, gut in Stroh verpackt –, ein Gewehr umzutauschen, das neue aber unbedingt mehrmals auszuprobieren, dann sieben Eisengitter für die großen Fenster in Sant' Agata zu besorgen, vorher natürlich herauszufinden, ob sie in Cremona günstiger angeboten würden als in Genua. Mariani führte alle Aufträge treu aus, brachte die Sachen durch den Zoll, streckte oft genug das Geld vor und fand sogar noch Posten für Verdis Schützlinge.

Auf die Jagd gehen, Karten, Boccia oder Billard spielen, viele Haustiere halten, Hunde, Katzen, Fische und mancherlei Vögel, damit holte Verdi auch die entbehrten Spiele der Kinderzeit nach. Es machte ihm Spaß, im Namen Loulous, seines Bologneserhündchens, Grüße auszurichten oder Briefe an den Dobermann des Grafen Arrivabene zu schicken. Eigentlich war er ein ungeduldiger Briefschreiber. Immer wieder aufgeschobene Antworten überließ er schließlich Giuseppina, deren elegante und geistreiche Sprache, so fand er, seinem *ruppigen Stil* ohnehin überlegen war. (C540) Er selbst schrieb spontan, nicht besonders sorgfältig, schon gar nicht gewählt, mit vielen Ausrufezeichen, oft in Eile, meist schloss er mit der hastigen Formel *Addio! Addio!*

Im September 1857 beschäftigte Verdi sich wieder einmal mit seinem Lieblingsprojekt, dem «Lear», um endlich seinen Vertrag aus dem Jahr zuvor mit dem Teatro San Carlo in Neapel zu erfüllen. In der Tragödie des Herrschers und dem Leiden des Vaters an den eigenen Kindern fand er Motive, die er von *Oberto* an bis zu *Aida* fast obsessiv immer wieder aufgegriffen hat. Schon mit Cammarano hatte er am Libretto zu «Lear» gearbeitet und selbst ein Szenario für vier Akte entworfen. Auch nach Cammaranos Tod gab er den Plan nicht auf, diese Oper in einer *völlig neuen* Art zu komponieren, *ohne Rücksicht auf alle Konvention.* (C478) Seit dem Frühjahr 1853 korrespondierte er mit Antonio Somma über *Re Lear*, wenngleich er zuweilen vor der Schwierigkeit zurückschreckte, ein solch umfangreiches und komplexes Werk auf die Maße eines Opernlibrettos zu reduzieren. Somma, Anwalt, Journalist und Schriftsteller, war jahrelang Direktor des Teatro Grande in Triest gewesen. Verdi respektierte seine Kompetenz, schrieb ihm immer sehr höflich und war vorsichtig mit Einwänden, die er dennoch nicht ohne Nachdruck erhob, sodass der Text viele Male umgeschrieben wurde. Im Gegensatz zu Wagner, den es zeitlebens drängte, sich selbst und seine Kunst zu kommentieren, hat sich Verdi vor Konfessionen gehütet und seine künstlerischen Ziele und ästhetischen Grundsätze nur gelegentlich in Briefen geäußert, zu denen insbesondere die an Somma gehören. Für Verdi stand der *effetto*, die Bühnenwirksamkeit, im Zentrum aller Überlegungen. An eine Wirkung auf das Publikum aber war nicht zu denken ohne die *varietà*, ohne das Prinzip der Mannigfaltigkeit und Abwechslung, das er vor allem in Shakespeares Dramen verwirklicht fand. Nichts erschien ihm gefährlicher als Eintönigkeit, daher drängte er seine Librettisten zu möglichster Kürze und Prägnanz. Gegenüber Piave monierte er *halbe und ganze überflüssige Verse, Füllsel, Ahs, Ihs, Ohs nur der Silbenzahl halber* (A2,368). Das Theater erfordere die *parola scenica*, das bühnenwirksame Wort, das eine Situation schlagartig charakterisiere. *Ich weiß wohl*, schrieb er an Somma, *dass «Bereite dich auf den Tod vor», «Befiehl deine Seele dem Herrn» dasselbe bedeuten, auf der Bühne aber haben sie nicht die gleiche Kraft wie das einfache «Du musst sterben».* (A2,459) Wenn ihm der Rhythmus mancher Verse zu hart schien, wenn er Somma Reime wie *è desso – adesso* ändern ließ und ihn daran erinnerte, wie gefährlich Sprichwörter und Redewendungen auf der Opernbühne seien, dann zeigt das, welche Bedeutung er jetzt sprachlichen Nuancen beimaß.

Ob *Re Lear* auf der Opernbühne überhaupt zu verwirklichen war, hing nicht zuletzt von den Sängern ab, die in der jeweiligen Truppe zur Verfügung standen. Diesmal genügten nicht zwei oder drei gute Solisten, notwendig waren mindestens fünf Hauptdarsteller. Und wo gab es einen Bariton, der den Lear auch hätte spielen können? Um Charaktere darzustellen, fehlte den Sängern jede Schulung. So wurde *Lear* immer wieder aufgeschoben, während inzwischen andere Opern entstanden, und schließlich, nach mehr als fünfzehn Jahren, ganz aufgegeben.

Um seinen letzten Vertrag mit dem San Carlo in Neapel zu erfüllen, entschied Verdi sich nach langer Suche für ein Stück von Scribe über den Mord am schwedischen König Gustav III. während eines Maskenfestes 1792, das schon Auber vertont hatte.[42] Verdi kürzte den Text um mehr als ein Drittel und ließ ihn von Somma in Verse setzen. Da ein Attentat auf ein Staatsoberhaupt ein riskantes Thema war, zumal im reaktionären Neapel, schrieb Somma unter einem Pseudonym. Zu spät, die

Karikatur von Melchiorre Delfico, 1858. – Vincenzo Torelli, Sekretär am Theater San Carlo, studiert argwöhnisch, gefasst auf den Einspruch der Zensoren, Sommas Libretto zum «Maskenball».

Komposition war nahezu abgeschlossen, ließ die Theaterleitung Verdi wissen, dass die Zensur das Libretto trotz eines anderen Titels[43], neuer Namen und Schauplätze abgelehnt hatte. Sie verlangte, das Stück müsse außerhalb Europas spielen, am besten im Mittelalter, die Geliebte dürfe keinesfalls verheiratet sein, und ein Mord auf offener Bühne sei ganz undenkbar. Auch die Losszene sollte wegfallen, ja, der ganze Ball war suspekt. Da Verdi sich auf solche Vorstellungen nicht einließ, verklagte ihn das Theater auf 5000 Dukaten Schadensersatz, die Verdi indes nach einer Gegenklage nicht zu zahlen brauchte. Als Ersatz für die ausgefallene Oper diente *Boccanegra.* Auf den Rat seines Freundes Luccardi bot Verdi seine neue Oper dem Apollo-Theater in Rom an. Obwohl die Verhältnisse dort weniger repressiv waren als in Neapel, listeten die päpstlichen Zensoren eine ganze Reihe missliebiger Verse auf, die Somma noch einmal ändern musste. Die Handlung verlegte man in das politisch unverdächtige Boston, und aus dem schwedischen König wurde ein britischer Gouverneur.

Aber für den *Maskenball* sind Zeit und Schauplatz gar nicht entscheidend. Denn Thema ist nicht mehr die politische Macht. Die Verschwörer handeln aus privaten Gründen, der Mord am Gouverneur ist bloß die Folge eines Irrtums, und am Ende reihen sich die Verschwörer sogar ein in den harfenbegleiteten Gebetschor. Ein Zeitgefühl kommt zum Ausdruck, das Verdis eigene Epoche kennzeichnet: der Verlust politischer Ideale, die Vereinzelung des Menschen, die Orientierungslosigkeit in einer anonym gewordenen Gesellschaft.

Im Tanz, einem wilden Galopp, sucht die Gesellschaft ihr Vergnügen, und die Masken zeigen, dass Geselligkeit nur noch in der Anonymität existiert. Aller Glanz, den der Page Oscar in naiver Freude besingt, tarnt nur etwas unberechenbar Bedrohliches, daher sind Tanzmusik und Verschwörermotiv, das nahezu ständig präsent ist, gleichzeitig zu hören. Wie Auflehnung und Kampfgeist des Risorgimento zur Pose geworden sind, zeigt das Rache-Terzett im dritten Akt (*Dunque l'onta*), in dem die unisono geführten Stimmen den Rhythmus aus dem *Ernani*-Chor *Si ridesti il Leon di Castiglia* aufnehmen , diesem Aufruf gegen die Unterdrücker, der nun der ironischen Anspielung dient. Auch in der Schwurszene mit Posaunen und Streichertremoli treten die Verschwörer, deren eher vage Beweggründe erst im dritten Akt erwähnt werden, wie Schauspieler auf. Ein trockenes Staccatomotiv ohne Leidenschaft und Feuer kennzeichnet sie. Wenn sie im zweiten Akt *grinsend*, in genüsslich langsamem Tempo das Unglück anderer kommentieren, sind sie Vertreter einer Gesellschaft, für die das Tragische nur noch zum Lachen ist. Die Ulrica-Szene macht Angst und Bedrohung sinnlich erfahrbar, als habe sich die Wahrheit in einer Welt der Täuschung

Verdi, Fraschini, die Fioretti und Loulou proben den «Maskenball». Karikatur von Melchiorre Delfico

und der Irrtümer zurückgezogen auf den Jahrmarkt der Wahrsager. Der schwankende Charakter der Szene zwischen Komik und Schrecken, Scharlatanerie und Ernst, Viva-Rufen und Todesverkündigung zeigt eine Ambivalenz zwischen Tragik und Komik, die für die ganze Oper bestimmend ist.

Wie die drei Hauptfiguren erkennen lassen, die aus bisher ungewohnter Distanz als Mentalitäten vorgeführt werden, schützen nicht einmal die engsten Bindungen, Ehe und Freundschaft, vor Betrug und Verrat. Gerade der integre Freund wird, als er sich betrogen glaubt, zum Mörder. Gemeinschaft ist eine bloße Chimäre, auch die Familie stellt keinen Schutzraum mehr dar. Amelia, unglücklich in ihrer Ehe, sucht ein *Kraut* gegen ihr wahres Gefühl und begegnet nur den Gespenstern ihrer Angst und Unfreiheit. Dass Riccardo in *schönen Träumen* lebt, verrät schon der Introduktionschor, eine Art Wiegenlied, das als Huldigung für einen Landesherrn nicht ohne Komik ist und bald in groteskem Missverhältnis zum gleichzeitig hörbaren Verschwörermotiv steht. Alles andere als ein politischer Führer, nimmt Riccardo leichtfertig die Huldigungen der Menge entgegen, welche darauf vertraut, ihr *Wohl* sei *der Inhalt seiner Gedanken*, die doch nur bei Amelia sind. Seine erste Amtshandlung begleitet ein spielerisches Thema mit scherzhaften Trillern. Statt die verlangte Entscheidung zu treffen, fasst er, geradezu süchtig nach Zerstreuung, den abenteuerlichen Plan, die Wahrsagerin verkleidet aufzusuchen. Sein verwegenes *Allegro brillante* erinnert in seinem atemberaubenden Tempo an die Champagnerarie Don Giovannis. Das Unstete, der Leichtsinn und eine forcierte Lustigkeit kennzeichnen indes einen Melancholiker, ja geradezu Todessüchtigen. Seine unerfüllte Liebe zu Amelia, Zentrum seines Denkens und Fühlens, charakterisiert ein wiederkehrendes Thema mit sehnsüchtigem Akzent auf der Septime, in Fis-Dur, der Tonart der Ferne und des Traums, doch mit auffallenden Molltrübungen. Auch wenn die Barkarole, die Riccardo, als Fischer verkleidet, singt, zu seinem Rollenspiel gehört, enthüllt sie mit ihrer schweifenden Melodik, vagierend zwischen Dur und Moll, sein Verlangen nach einer anderen Existenz. In der chromatischen Staccato-Phrase ist atemlose Ungeduld zu spüren, und dass die Lebenslust insgeheim eine Todessehnsucht ist, verrät ein leichtsinniges Glissando vor *la morte*, bevor Riccardo lachend, mit einer geradezu lustvollen Melodie das Concertato einleitet, das auf die Ankündigung seines nahen Todes folgt (*È scherzo od è follia*).

Leben im Jetzt ereignet sich erst in der Begegnung mit dem Du, im Duett der Liebenden, dem Zentrum der Oper. Hier gelingt der unverstellte Ausdruck eines Verlangens, das, wie die Musik in ihrer Gestik zeigt, ganz sinnlich ist und gleichzeitig eine unstillbare Sehnsucht ausdrückt, für die in der Realität kein Raum ist. Drastisch führt das der Ort der Begegnung, der Galgenberg, vor Augen. Riccardos Glaube an die Möglichkeit eines Lebens in Harmonie mit allen Menschen, an den sich noch der Sterbende klammert, wenn er den Mord verklärt und allen verzeiht, ja dankt, zerstört der Tod plötzlich und brutal.

Der unerwartete, geradezu spektakuläre Erfolg der Premiere am 17. Februar 1859 in Rom änderte nichts an Verdis Theatermüdigkeit, zumal die Aufführung schlecht war und die Kritiken eher negativ ausfielen. Mit dem *Maskenball*, seiner 21. Oper, wollte er die *Galeerenjahre* endlich hinter sich lassen. (C572)

Auf der Heimreise schon konnten Verdi und Giuseppina Strepponi die Vorzeichen des kommenden Krieges wahrnehmen. In Turin wurden Soldaten angeworben, es gab Einquartierungen und Beschlagnahmungen, sodass Österreich in einem Ultimatum forderte, die piemontesischen Truppen zu reduzieren. Am 31. März, Verdi und Giuseppina Strepponi waren seit zehn Tagen wieder zu Hause, erklärte Österreich Piemont den Krieg. In Sant' Agata konnte man jetzt fast täglich den Kanonendonner hören und musste sich auf Plünderungen gefasst machen. Nachdem Napoleon III. Mitte Mai Piemont mit seinen Truppen zu Hilfe gekommen war, wurden die Österreicher am 24. Juni in der Schlacht von Solferino geschlagen. Nach so vielen Opfern empfanden die Italiener den vorläufigen Friedensvertrag von Villafranca geradezu als Schock, als Verrat Napoleons, denn Österreich behielt weiterhin Venetien,

Garibaldi in Neapel. Lithographie von F. Wenzel. – «Wo ist nun die so ersehnte und versprochene Unabhängigkeit Italiens? [. . .] Wie viel Blut für nichts! Wie viel arme, enttäuschte Jugend!» (Verdi an Clara Maffei, C579)

die Toskana und Modena; es gab die Lombardei zunächst nach Frankreich ab. Der neue Staat Piemont-Sardinien erhielt zwar 1860 die Lombardei von Frankreich, hatte aber im Gegenzug Savoyen und Nizza abzutreten.

Eine Hymne auf Napoleon hatte Verdi nicht komponieren wollen, stattdessen richtete er nun eine Spendenliste zugunsten der Kriegsopfer ein, in die er selber 550 Francs eintrug. Wahrscheinlich war es während der Kriegswochen, als Verdi und Giuseppina Strepponi beschlossen, im Herbst zu heiraten. Fast unverständlich scheint Verdis langes Zögern, während sich Giuseppina eine Ehe seit Jahren wünschte. Man weiß zumindest, mit welchem Befremden die Mailänder Gesellschaft zur Kenntnis nahm, dass sie schon 1854 in Paris mit «Madame Verdi» angeredet wurde, und wie dies Verdis langjähriger Freundin, der Gräfin Appiani, genügte, sich von dem Paar zu distanzieren. Am 29. August 1859 ließen sie sich, beide schon Mitte vierzig, in Piemont trauen, im abgelegenen Collonges-sous-Salève.

In diesem Winter blieben die meisten Theater geschlossen, Arbeitslosigkeit, Geldknappheit und neue Unruhen waren die Nachwirkungen des Krieges. Auch Piave hatte seinen Posten in Venedig verloren, und erst Verdis Fürsprache verschaffte ihm die Stelle eines Bühnendirektors an der – allerdings ziemlich heruntergekommenen – Scala. Besser als ihm ging es Muzio, der wie sein Lehrer Verdi in Busseto nichts hatte werden können, nun aber in London Konzertmeister am Königlichen Theater war und ein Jahr darauf als Dirigent in den USA endlich zu Erfolg und Geld kam. Als sich 1860 nach Volksabstimmungen die meisten italienischen Staaten mit Piemont-Sardinien zusammenschlossen, war Verdi der Vertreter Bussetos in der Provinzialversammlung und gehörte zu den fünf Deputierten, die Viktor Emanuel II. die Wählerstimmen überbrachten. Kurz danach lernte er Cavour persönlich kennen, der im folgenden Jahr an der Spitze des Turiner Parlaments die Politik des neuen Staates bestimmte. Diese Begegnung beeindruckte ihn tief. Auf Cavours Bitte ließ er sich im Frühjahr 1860 zum Abgeordneten wählen und war doch realistisch genug, zu wissen, dass es nur der Name Verdi war, der dem neuen Staat zusätzliches Prestige verschaffen sollte. Welche Kluft zwischen dem Großteil der Bevölkerung und der Führungsschicht bestand, zeigt, dass mehr als die Hälfte Analphabeten und nur 2 Prozent der Bevölkerung wahlberechtigt waren. Schon daher wird die Überlieferung unglaubwürdig, der Name Verdi sei allgemein als Akronym für **V**ittore **E**manuele **R**e **d'I**talia gelesen worden, als politische Losung nach der Proklamation von Viktor Emanuel II. zum König von Italien. Es ist ein Mythos, der Verdis Namen unlösbar mit dem italienischen Nationalstaat verbindet. Vom politischen Geschäft verstand Verdi wenig und richtete sich bei seinen Entscheidungen meist nach Cavour, dessen Tod im Sommer 1861 ihn tief deprimierte. 1865 gab er sein Mandat auf.

Verdi komponierte nicht mehr, hörte und las keine Musik, ließ den Flügel nicht stimmen. Die längste Zeit seines Lebens hatte er unter Termindruck verbracht, auf beschwerlichen Reisen, auf Proben unter oft unzulänglichen Bedingungen, im Streit mit Sängern, Intendanten und Journalisten, im Kampf um seine Autorenrechte und gegen die Auflagen der Zensur. Nun füllten die täglichen Geschäfte, vor allem der Umbau des Hauses, die Tage aus. Seine Ernennung zum Ehrenmitglied der Académie Française kommentierte er ironisch: Von nun an gehöre er also zu den *Perücken* (A2,562). Um fünf stand er auf, ging auf Wachteljagd, beaufsichtigte dann die Bauarbeiten, schrieb nach dem Essen und einem kurzen Mittagsschlaf Briefe, machte regelmäßig seinen Abendspaziergang und ging früh zu Bett. Dass er je zum Theater zurückkehren könnte, erschien ihm ganz unwahrscheinlich.

Ich blieb der Kammer länger als zwei Jahre fern, danach bin ich äußerst selten dort gewesen. Mehrmals wollte ich meinen Rücktritt einreichen, aber [...] noch immer bin ich Abgeordneter, ganz gegen meinen Willen und meine Neigung, ohne die geringste Eignung und Begabung und ohne jede Geduld, die in diesem Bereich so notwendig ist. [...] Die 450 Deputierten sind in Wirklichkeit nur 449, denn Verdi als Abgeordneter existiert gar nicht.

Verdi am 8.2.1865 an Piave (C602)

Gegner im eigenen Land

Unter den zahlreichen Angeboten, eine Oper zu komponieren, erreichte Verdi im Dezember 1860 auch eines aus St. Petersburg, vermittelt durch den Tenor Enrico Tamberlick, der dort am Kaiserlichen Theater engagiert war. Obwohl Verdi seit vier Jahren nichts mehr komponiert hatte, nahm er, auch weil er viele Ausgaben für den Umbau des Hauses hatte, auf den Rat Giuseppinas den Auftrag an. Nachdem die Zensur in Petersburg Hugos «Ruy Blas», in dem ein Lakai dem Adel die Stirn bietet, nicht akzeptieren wollte, entschied sich Verdi für ein Drama von Angel Saavedra, «Don Alvaro o La fuerza del sin», dessen Dramaturgie den Grundsätzen Hugos folgte. In den Kriegsszenen, in der Unsicherheit und Unberechenbarkeit alles Geschehens ließen sich eigene Erfahrungen wiederfinden. Wie gewohnt, arbeitete Verdi schnell, und im November machte sich das Ehepaar mit zwei Dienern und einem Dolmetscher auf die lange Reise nach Russland. Vorsorglich hatten sie sich Pasta, Bordeaux und Champagner bestellt. Sie waren gewohnt, mit Komfort zu reisen, in Hotels Suiten zu mieten und auch unterwegs über Dienstboten zu verfügen. Verdis Jahresgehalt in jener Zeit wurde auf 80000 Lire geschätzt. (I62) Obwohl die Premiere wegen der Erkrankung der Primadonna auf das nächste Jahr verschoben werden musste, blieben sie drei Monate. Auf dem Rückweg machten sie Station in London, wo zur Weltausstellung im Mai jeweils ein Komponist sein Land repräsentieren sollte: Auber Frankreich, Meyerbeer Deutschland, Bennett England und Verdi, nachdem Rossini abgesagt hatte, Italien. Eigentlich ungern, da er solche Gelegenheitsarbeiten nicht mochte, hatte er nach einem Text des jungen Arrigo Boito eine Kantate komponiert, *L'inno delle nazioni.*

Am 10. November des nächsten Jahres hatte *La forza del destino* im Kaiserlichen Theater endlich Premiere. Italienische Opern waren in Russland beliebt, wenngleich patriotische Mu-

Verdi in Russland. Fotografie, 1861 oder 1862. – «Ich habe ein großartiges Apartment, mit 13 bis 14 Grad frühlingshaft warm, und zwei Pferde, die laufen wie der Blitz.» (A2,673)

siker, insbesondere das «Mächtige Häuflein» um Balakirew, die russische Musik durchzusetzen versuchten. Den großen Erfolg trotz der düsteren Handlung verdankte die Uraufführung der reichen Ausstattung und, da in Petersburg die höchsten Gagen gezahlt wurden, solch hervorragenden Sängern wie Caroline Barbot und Enrico Tamberlick. Der Zar, der Verdi in seiner Loge empfangen hatte, zeichnete ihn mit dem Stanislaus-Orden aus.

Mit einem zerstörten Familienidyll beginnt in der *Macht des Schicksals* die heillose Geschichte der drei Hauptfiguren. Sie ist geprägt von dem scharfen Gegensatz zwischen einem Leben, das von Standesdünkel, Rassenhass und Rache bestimmt wird, und der nie gestillten Sehnsucht nach Frieden. Der Zwang, dem die Personen ausgesetzt sind, der sie isoliert und einander entfremdet, hat seinen Grund in gesellschaftlichen Bedingungen, im starren Ehrenkodex der spanischen Aristokratie, nach dem Carlo seine Rache konsequent vollzieht. Ihren musikalischen Ausdruck findet diese Zwangsläufigkeit, für die *Schicksal* nur die Metapher ist, in einem wiederholten Bläsersignal, dessen drei lang gezogene Töne, den Fluchmotiven in *Ernani* und im *Rigoletto* ähnlich, die Ouvertüre sowie die ersten beiden Akte eröffnen. Welche Gefühle der Angst und Ausweglosigkeit solcher Zwang hervorruft, macht ein in allen vier Akten wiederkehrendes, in der Ouvertüre fast fortwäh-

rend präsentes Orchesterthema hörbar, das in gehetztem Rhythmus innerhalb eines engen Raums um den gleichen Ton kreist, während sich in den einander überwölbenden Bögen der Melodie Leonoras, einem ebenfalls wiederkehrenden Thema, die Hoffnung auf eine andere Welt abbildet. Der Versöhnungsgedanke bestimmt auch die Kantilene Alvaros, des Exoten und Außenseiters, mit ihrer sakral wirkenden Quarten-

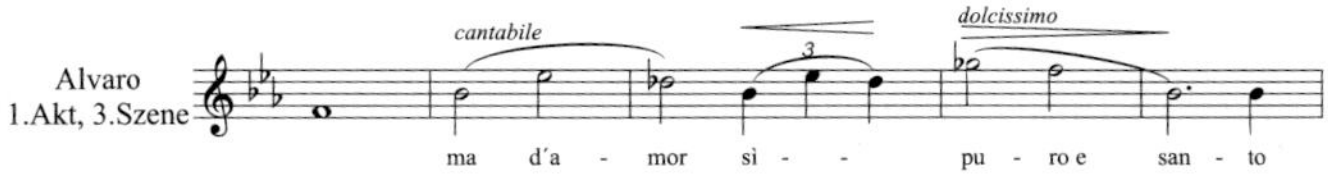

schichtung. Doch täuscht der religiöse Ton der Utopiesehnsucht nicht über die fragwürdige Rolle der Kirche in der Welt hinweg. Wie die Verkleidungen und falschen Namen verdeutlichen, ist der Einzelne sich selber fremd, findet auch die Nähe zum anderen nicht. Den düsteren Schluss der Oper mit dem Selbstmord Alvaros hat Verdi in der Mailänder Fassung von 1869 geändert. Nachdem die Tragödie ihre schlimmstmögliche Wendung genommen hat, zu der das Orchester in ungeheurer Härte nur noch den Todesrhythmus markiert, entfaltet ein Schlussterzett den Versöhnungsgedanken in der Vision der sterbenden Leonora von einer besseren Zukunft, vom *gelobten Land.*

Wenngleich die aufwendigen Massenszenen in zuweilen grellen Genrebildern, mit pittoresken Wirtshaus- und Lagerszenen und der Komik von Trabuco und Melitone[44] das Leben des Volks vordergründig gar nicht als Leiden schildern, kommentieren sie das dramatische Geschehen in beinahe zynischer Weise. Wiederzuerkennen im Nebeneinander von Kriegsbegeisterung, dem effektvollen *Rataplan*-Chor, betenden Pilgern, einer Armenspeisung und bettelnden Kriegsopfern sind die gesellschaftlichen Widersprüche der Entstehungszeit. Was aber den *Maskenball* auszeichnete, die Einheit von Tragik und Komik, die Synthese unterschiedlicher Stilelemente, die Perspektivierung aller Einzelbilder auf das grundlegende Thema, das gelang in dieser Oper nicht.

Obgleich Verdi reisemüde war und, so berichtete Giuseppina Verdi, am liebsten «in seine Höhle» nach Sant' Agata zurückgekehrt wäre (A2,712), hörten sich beide eine Aufführung der neuen Oper im Madrider Teatro Real an und unternahmen danach noch eine anstrengende Reise durch Andalusien.

Einen Monat nach seinem fünfzigsten Geburtstag las Verdi einen Zeitschriftenartikel, der ihn empörte und verletzte. Der Verfasser, Arrigo Boito, hatte zur Premiere einer Oper des jungen Franco Faccio eine emphatische Ode «An die italienische Kunst» verfasst und dabei die offizielle gegenwärtige Musik und Literatur scharf angegriffen: Durch sie sei der «Altar der Kunst beschmutzt» worden wie ein «Bordell». (A2,762) Diese Beleidigung konnte Verdi nicht vergessen und zitierte den Satz immer wieder in seinen Briefen. Boito und Faccio waren schon länger die tonangebenden Gäste in Clara Maffeis Salon und Wortführer einer Gruppe junger Musiker, Schriftsteller und Journalisten, die man die «Scapigliati» (Bohemiens) nannte. Die neue Avantgarde opponierte gegen den Katholizismus, gegen Alessandro Manzoni und gegen die italienische Oper, die im «Formelhaften» verharre, doch eine «Form» vermissen lasse. Die Kritik zielte also auf die Werke von Rossini, Donizetti, Bellini und Verdi. Obwohl dieser sich in Briefen an Piave über die prätentiöse Sprache der Scapigliati mokierte, blieb er gegenüber Clara Maffei vorsichtig mit seinem Urteil, behandelte Boito und Faccio, diese jungen Männer, die ihm sein Alter bewusst machten, mit reservierter Höflichkeit, stell-

Giuseppe Verdi. Fotografie, 1870. – Hoch gewachsen, mager, doch robust – so beschreiben ihn Zeitgenossen. «Zwei tiefe Falten die Wangen entlang, scharfe Gesichtszüge, dichte Brauen, unruhige Pupillen, der große Mund bitter, verächtlich.» (159)

te sich gleichgültig, betonte, er verstehe nichts von Musikästhetik, gab sogar vor, er habe nie Partituren anderer Komponisten gelesen. Indes waren unter den Noten, die er bei seinem Verleger bestellte, viele zeitgenössische Werke. Wenn Faccios erste Oper sich auch nicht auf der Bühne hielt, galt schon die nächste, «Hamlet», nach einem Libretto von Boito, als vielversprechend, während Verdi zur selben Zeit nach der Premiere des neu gefassten *Macbeth* zu hören bekam, er verstehe Shakespeare nicht. Im Frühjahr 1865 veröffentlichte der renommierte Musikkritiker Filippi, der auch zur Scapigliatura gehörte, einen Artikel, in dem er die ‹italienische Schule› als endgültig überholt bezeichnete. Wie aktuell dagegen Meyerbeers Opern in Italien waren, konnte man daran erkennen, dass sie zuerst in den neuen Taschenpartituren gedruckt wurden. Zudem wuchs das Interesse an deutscher Musik, besonders an Instrumentalwerken, wie der 1862 gegründete Mailänder Quartettverein zeigte. Allmählich wurden die Verfechter der Avantgarde auch zu Anhängern Wagners, und die von Lucca verlegte Zeitschrift «L'arpa» bot ihnen ein Forum, während der Ricordi-Verlag die Tradition repräsentierte, wenn auch der junge Giulio Ricordi als Anhänger der Scapigliatura galt. Von Wagner hatte Verdi bisher nur die «Tannhäuser»-Ouvertüre gehört und danach an Arrivabene geschrieben: *Er ist verrückt!!!* (A3,64) Unerträglich war ihm, der mit seiner Musik dem Ansehen Italiens in der Welt Geltung verschaffen wollte, die Unterstellung, er versuche, Wagner oder Meyerbeer nachzuahmen. Nachdem er Bizets Rezension der Uraufführung des *Don Carlos* gelesen hatte – «Verdi ist kein Italiener mehr. Er folgt Wagner» (A3,129) –, versuchte er, seine Verbitterung nicht zu zeigen, nahm das Urteil lakonisch zur Kenntnis, tat Arrivabene gegenüber gar so, als kümmere ihn das Schicksal seiner Opern bei weitem nicht so wie irgendeine seiner Maurerarbeiten.

Offenbar schloss sich auch der Minister für Erziehung, Emilio Broglio, dem neuen Trend an, wenn er klagte, seit Rossini habe kein Italiener mehr etwas Nennenswertes komponiert. Um die italienische Musik wieder zu beleben und zu reformieren, berief er Rossini zum Präsidenten einer Musikvereinigung. Als Verdi im Sommer 1868 mit dem Komturkreuz der italienischen Krone ausgezeichnet werden sollte, provozierte er absichtlich einen Skandal, indem er veröffentlichen ließ, dass er keine Ehrung von einem Minister annehmen wolle, *der ein so schwerwiegendes Urteil über eine Kunst* fälle, *die immerhin den italienischen Namen ehrenvoll in alle Welt* trage. (A3,199)

Als Mariani im Frühjahr 1864 zu Besuch kam, fand er, dass die Villa Agata nach dem Umbau ein Paradies geworden sei. Verdi hatte noch eine kleine Kapelle anbauen lassen, um Giuseppina lange Wege zu ersparen. Von ihren Reisen hatten sie Bilder und Skulpturen mitgebracht, auch manche seltene Pflanze für den Garten und aus Paris einen Erard-Flügel. Die Räume waren im großbürgerlichen Stil eingerichtet, mit schweren Möbeln, üppigen Draperien und einer Fülle von Bildern, Vasen und Plastiken. Außer Mariani und Piave kamen nun öfter auch andere Gäste, Ricordi, Clara Maffei, Luccardi, Arrivabene und Léon Escudier, Verdis Verleger aus Paris. Indes blieb man auch in Sant' Agata nicht von Störungen verschont. Im Sommer 1865 gab es heftige Auseinandersetzungen mit den Bürgern von Busseto wegen eines Opernhauses, das seit 1861 in Bau war und den Namen Verdis tragen sollte. Der hielt

Die Villa Sant' Agata nach dem Umbau mit der Kapelle im hinteren linken Seitenflügel

ein Theater indes für unnötig, zumal in der gegenwärtigen schwierigen Wirtschaftslage. Selbstverständlich erwartete man von dem reichen Komponisten einen Beitrag zur Finanzierung. Dass man ihm indirekt das ehemalige Stipendium vorhielt, ja sich noch das Verdienst zuschrieb, Verdi erst zu dem gemacht zu haben, was er war, empfand Verdi als demütigend. Erbittert zählte er all die kleinen und größeren Unannehmlichkeiten und Ungerechtigkeiten auf, die Busseto ihm je bereitet hatte: die Zurückweisung seiner eigenen Bewerbung und die Ablehnung Muzios als Maestro di musica, den dauernden Klatsch, den Widerstand gegen seine Bewässerungsanlage, mancherlei Ärger mit der Verwaltung und die jahrelange Brüskierung Giuseppina Strepponis. Am Ende wurde das Theater dann doch nach Verdi benannt, der 10 000 Lire zahlte, es indes niemals betrat. Als es 1868 mit *Rigoletto* eröffnet wurde, war das Ehepaar Verdi zur Kur nach Tabiano abgereist.

Verdis luxuriöses Winterquartier in der Beletage des Palazzo Sauli in Genua enthielt neben den Repräsentationsräumen auch Gästezimmer und Räume für das Personal.

Im Palazzo Sauli, einer Villa inmitten eines großen Gartens auf dem Carignano-Hügel in Genua, hatte Mariani zwei Etagen für die Verdis angemietet, wo sie von 1866 an sieben Jahre lang die Wintermonate zubrachten. Mariani bewohnte das Apartment neben ihnen und richtete die Räume für sie ein, besorgte Möbel, Teppiche und Vorhänge, und als sie einzogen, war alles perfekt organisiert. Verdi fühlte sich wohl in dem schönen Haus, die milde Luft tat ihm gut, und nach der Einsamkeit Sant' Agatas war Marianis Gesellschaft anregend.

Ende August 1865 konnte Arrivabene in einem der scherzhaften Briefe, die Verdi im Namen seines Hundes schrieb, Andeutungen über eine neue Oper finden. *Verrückt,* wie er sei, denke Verdi daran, *ein paar neue Haken zu malen.* (A3,45) Gemeint war: das Angebot Perrins anzunehmen, ein Werk für die Opéra zu komponieren. Im Sommer zuvor hatte Escudier bei einem Besuch in Sant' Agata Schillers «Don Carlos» vorgeschlagen, aus dem François Méry und Camille Du Locle ein französisches Libretto machen sollten. Im November 1865 reiste Verdi mit seiner Frau nach Paris. Sie blieben länger als drei Monate, empfingen in ihrer Wohnung an den Champs Élysées regelmäßig Gäste, unter ihnen das Ehepaar Rossini, Escudier, Du Locle, die Tenöre Fraschini und Tamberlick, den Bildhauer Dantan und die berühmte Sängerin Adelina Patti, und sie besuchten die ‹musikalischen Samstage› in Rossinis Salon.

Im Juni 1866, Verdi war inzwischen wieder in Sant' Agata und mitten in der Arbeit am *Don Carlos,* brach der Krieg zwischen Österreich und Preußen aus, in den Italien sich hatte hineinziehen lassen nach der Zusage, bei einer Niederlage Österreichs Venetien zu erhalten. Während Boito, Faccio und Giulio Ricordi in Garibaldis Truppe kämpften, schämte Verdi sich fast, durch seinen Vertrag an die Pariser Oper gebunden zu sein. Sant' Agata lag nahe an der Front, man musste darauf gefasst sein, dass die feindlichen Truppen den Po überschritten. Dass nach dem Sieg der Preußen am 3. Juli bei Königgrätz Italien von den Großmächten wieder übergangen wurde, dass Venetien zunächst an Napoleon III. übergeben wurde, der es dann Italien überließ, empfanden die Italiener als Schmach. In seiner Enttäuschung versuchte Verdi vergeblich, den Vertrag mit der Opéra zu lösen, doch im September musste er schon wieder in Paris sein, um die Proben, die sich über ein halbes Jahr hinzogen, zu überwachen.

Im «Figaro» erschien der Artikel eines Journalisten, der Verdi während einer Probe beobachtet hatte: Blass, «bewegungslos wie eine assyrische Gottheit», aber mit «blitzenden Augen» saß er dem Dirigenten gegenüber. Seinem ausgezeichneten Gehör entging nichts. Manchmal sprang er auf, rief etwas, markierte den Takt, rannte auf die Bühne. (I59) Sein letztes Werk für Paris, zugleich sein letztes nach einem Drama von Schiller, war freilich ein Wagnis. Nach dem zehn Jahre zurückliegenden Misserfolg der *Sizilianischen Vesper* nahm er noch einmal die Herausforderung der Grand Opéra an und stellte sich dem Vergleich nicht nur mit Meyerbeer, sondern auch mit Komponisten der aktuellen Opéra lyrique wie Ambroise Thomas («Mignon») und Charles Gounod («Faust»), nicht zuletzt mit Richard Wagner, dessen «Tristan» 1865 Premiere gehabt hatte. Keinesfalls war Verdi wie noch bei früheren Schiller-Vertonungen damit einverstanden, Schillers Drama auf Gefühlskonflikte zu reduzieren, die intellektuellen Auseinandersetzungen zu vernachlässigen und den historischen Hintergrund, das absolutistische System unter Philipp II., den Fanatismus der Inquisitoren, den Freiheitskampf der Niederlande, als bloßes Kolorit zu verwenden. Er bestand darauf, die Gespräche Philipps mit Posa und mit dem Großinquisitor in das Libretto aufzunehmen. *Don Carlos* wurde Verdis längste Oper überhaupt. Schon während der Proben musste er die Musik kürzen, nur damit das Publikum nach der Vorstellung noch die letzten Bahnen in die Vororte erreichte. Zwanzig Jahre hat Verdi diese Oper beschäftigt, von der es insgesamt sieben verschiedene Fassungen gibt. Die bekannteste wurde die italienische aus dem Jahr 1882/83 für die Scala: auf vier Akte gekürzt, ohne den Fontainebleau-Akt und ohne Ballett. Erst in unserer Zeit gelangt die fünfaktige französische Fassung wieder auf die Bühnen.[45]

Diese Fassung beginnt in Fontainebleau, dem einzigen Ort in der Oper, den die königlichen Mauern nicht umschließen und der nicht von der Inquisition überwacht wird. Die erste Begegnung zwischen Carlos und Elisabeth trägt Züge eines Märchens, wenn die Prinzessin sich im Wald verirrt und wie die Heilige aus der Legende milde Gaben verteilt. So ist es keine Leidenschaft, sondern die unschuldige Liebe aus dem Märchen, die in Carlos' C-Dur-Romanze mit ihren reinen Quarten zum Ausdruck kommt. Nach dem entrückten Liebesduett in Des-Dur aber wird der Traum jäh zerstört. Die politische Raison fordert eine Ehe zwischen Elisabeth und dem spanischen

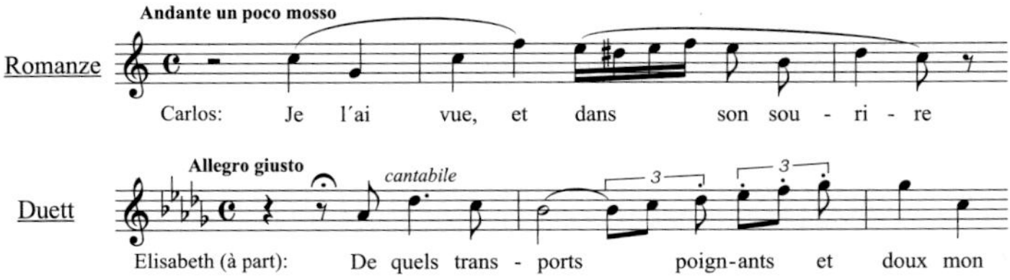

König Philipp, und das in Fontainebleau erlebte Glück bleibt fortan nur Erinnerung, aufgehoben in den Themen der Romanze und des Duetts, die später wiederkehren. Die folgenden vier Akte führen den Konflikt zwischen Vater und Sohn und die Tragödie des ohnmächtigen Herrschers, sein Leiden an der Unvereinbarkeit von privatem Glück und öffentlicher Position in einer Schärfe und Eindringlichkeit vor wie in keiner der früheren Opern. Das Bewusstsein des gesellschaftlichen Umbruchs, der Verdis eigene Zeit prägt, zeichnet sich in der zerstörten Familie und der Kluft zwischen privater und öffentlicher Existenz ab. Wie isoliert Philipp ist, lässt sich schon daran erkennen, dass es unter den insgesamt acht Duetten weder eines zwischen Vater und Sohn noch eines zwischen Philipp und Elisabeth gibt. Philipps Monolog im vierten Akt, ein Nachtbild, spiegelt das Bewusstsein des modernen Ich, das sich in die Kälte des Alleinseins zurückgeworfen weiß. Nicht nur die Anlage des Monologs, dessen Gedanken am Ende zu ihrem Ausgangspunkt zurückkehren, zeigt, wie alles Denken fixiert ist auf den eigenen Schmerz in seiner Ausweglosigkeit. Drei lang gezogene Töne, den Schicksals- oder Fluchmotiven in anderen Opern Verdis vergleichbar, bestärken den Eindruck der Unentrinnbarkeit. Besonders die Orchestermotive, ohne Ausgangspunkt und ohne Ziel, Gesten der Vergeblichkeit, verdeutlichen in ihrer monotonen Beharrlichkeit das nicht enden wollende Grübeln. Durch das unaufhörlich in sich kreisende Violinenmotiv entsteht die Assoziation zum «Spleen», mit dem Baudelaire ein Symptom seiner Zeit, dumpfe Melancholie und lähmende Hoffnungslosigkeit, bezeichnete.[46]

Wenn sich dennoch im *Andante* nach dem trüben d-Moll-Abschnitt im B-Dur-Teil ein starkes Verlangen nach dem Leben äußert, wirkt die Wiederkehr des hoffnungslosen Beginns deprimierend. Die Beobachtung, wie der Gesang unmerklich vom Deklamieren zum Arioso übergeht, wie differenziert die

Giuseppe Verdi. Bronzebüste von Vincenzo Gemito in der Casa di riposo in Mailand. – Die grüblerische Versunkenheit lässt den Melancholiker erkennen.

Instrumente, insbesondere das der menschlichen Stimme ähnliche Solocello, innere Vorgänge nachzeichnen, erinnerte manche Hörer an Wagner, obgleich Verdi schon im *Macbeth* solche Verfahrensweisen erprobt hatte.[47]

Lässt sich seit den fünfziger Jahren eine zunehmende Konzentration auf Szenen der Trauer und des Abschieds in seinen Opern bemerken, so äußert sich im *Carlos* auch Verdis politische Skepsis nach der Stagnation in Italien. Deutlicher als bei Schiller wird Posas Freiheitspathos infrage gestellt. Seinen Traum vom *Morgenrot* einer friedlichen Welt kommentiert Philipps Warnung vor dem Großinquisitor, und die Vision des Sterbenden von einem *glücklichen Spanien* wird zerstört durch die unmittelbar folgende Gefangennahme des Infanten, die Hoffnung erweist sich wenig später als fataler Irrtum beim Anblick des Volks, wenn es, nachdem es eben noch revoltiert hat, um Vergebung fleht, eingeschüchtert durch das bloße Erscheinen des Großinquisitors. Unter den historischen Bedingungen der Ungleichheit bleibt auch die Idee der Brüderlichkeit bloß eine schöne Hoffnung. Ihren musikalischen Ausdruck findet sie im Freundschaftsschwur aus dem Duett zwischen Carlos und Posa, einer leuchtenden C-Dur-Hymne im Marschrhythmus. Wie Fanfaren klingen die parallel geführten Stimmen und mögen die «süßen Ahndungen von Gleichheit» wecken, von denen Schillers Carlos schwärmt (V.1006). Doch als Posa dem Freund im Finale des dritten Akts den Degen abnimmt, sind es nur noch zwei Klarinetten, die fast ohne Bassfundament das Freundschaftsthema anstimmen, es aber nicht zu Ende bringen. Im vierten Akt erinnert ein trauriges Motiv der Kornette, begleitet vom Todesrhythmus der Pauke, noch an die Hymne, bevor sie ein letztes Mal, leise und eine Terz tiefer, zu den Worten des sterbenden Posa hörbar wird.

Wie sich die vielen kontrastreichen Szenen der ‹großen Oper› zu einer Einheit formen ließen, sodass sie *ein Werk aus einem Guss* bildeten und nicht bloß ein *Mosaik* (C220), diese Frage schien auch im *Don Carlos* trotz großer durchkomponierter Szenen und motivischer Verkettungen nicht gelöst. Die vielen nachträglichen Änderungen entstanden bei dem immer wieder neuen Versuch, spektakuläre Bühnenwirkungen (wie in der Autodafé-Szene oder während des Volksaufstands), subtile Charakterzeichnungen, Ennui, Freiheitspathos und elegante Unterhaltung (mit dem Lied vom Schleier und dem fünfzehnminütigen Ballett) zu einem Musikdrama zu verbinden. Die Meinungen über *Don Carlos* waren geteilt, die Premiere hatte nur einen Achtungserfolg.

1867 wurde ein unglückliches Jahr. Im Januar, während Verdi in Paris die Aufführung des *Don Carlos* vorbereitete, starb sein Vater; Verdi konnte nicht zu seinem Begräbnis fahren. Der alte Carlo Verdi hatte gemeinsam mit seiner Schwester eine Enkelin betreut, die siebenjährige Filomena Verdi. Nun übernahmen Giuseppina und Giuseppe Verdi die Vormundschaft, und obwohl ihnen die Trennung schwer fiel, schickten sie das Kind in ein Turiner Internat.[48] Ende des Jahres erlitt Piave einen Schlaganfall und blieb bis zu seinem Tod gelähmt und unfähig zu sprechen. Verdi unterstützte Piaves Familie nicht nur finanziell, sondern besuchte seinen alten Freund, sooft er in Mailand war. Auf seine Anregung entstand ein Album zugunsten von Piave mit Liedern bekannter italienischer Komponisten. In tiefe Trauer stürzte Verdi der Tod des achtzigjährigen Antonio Barezzi. *Sie wissen, dass ich ihm alles verdanke, alles, alles*, schrieb er an Clara Maffei. *Ich habe ihn geliebt wie meinen Vater.* (C521 f.)

Von einem Besuch bei Clara Maffei in Mailand brachte Giuseppina Verdi ihrem Mann eine Einladung Alessandro Manzonis mit. So fuhr er zum ersten Mal nach zwanzig Jahren wieder nach Mailand, und die persönliche Begegnung mit dem dreiundachtzigjährigen Schriftsteller bewegte ihn tief. Seine Verehrung gegenüber Menschen wie Manzoni oder Cavour war so vorbehaltlos, dass sie etwas Kindliches annahm. *Ich wäre vor ihm auf die Knie gefallen, wenn man Menschen anbeten dürfte*, gestand er Clara Maffei. (A3,215) In ihrem Salon sah er die alten Freunde wieder, die ihn überreden konnten, seine Opern nun doch an der Scala aufführen zu lassen.

Als im November 1868 Rossini starb, beschloss Verdi, ihm und zugleich der italienischen Musik ein Denkmal zu setzen.

Zwölf Komponisten aus Italien sollten je einen Satz eines Requiems komponieren, das am ersten Todestag Rossinis in Bologna, seiner *wahren Heimat*, wie Verdi hervorhob, aufgeführt werden würde. (A3,225) Er selbst vertonte das *Libera me*. Das Projekt, das bei den Anhängern der Moderne wenig Widerhall fand, zumal keiner der jungen Komponisten zur Mitwirkung aufgefordert worden war, scheiterte vor allem am Termin.[49] Nach strapaziösen Opernaufführungen waren Chor und Orchester des Theaters in Bologna erschöpft, und Mariani, der die Messe dirigieren sollte, leitete in Pesaro eine Rossini-Gedenkfeier. Ihm aber, der zu jener Zeit schon schwer krank war, gab Verdi alle Schuld am Misslingen seines Plans, auf ihn entlud sich aller Zorn. Wenngleich er auch Wagners «Lohengrin» und «Die Meistersinger» dirigierte, was man in Sant' Agata sehr übel nahm, hatte er erheblichen Anteil an Verdis Erfolg in Italien und blieb trotz der ungerechten Brüskierung loyal bis zur Selbstverleugnung. Dass *die vaterländische Feier*, zu der *sich die Künstlerschaft ganz Italiens* hätte vereinigen sollen, wenig Zustimmung fand, empfand Verdi als persönlichen Affront (A3,297), ließ sich in seiner Enttäuschung zu bösen Angriffen gegen Mariani hinreißen, versuchte sogar, den Kranken zur Räumung seines Apartments im Palazzo Sauli zu zwingen, nur um ihm nicht mehr begegnen zu müssen.

«Keine Lohengrinaden, lieber das Feuer!»

Im April 1870 erhielt Verdi mit der Post ein gedrucktes, umfangreiches Opernszenario. Du Locle, der es im Auftrag der ägyptischen Regierung weitergeleitet hatte, ließ durchblicken, der Autor sei eine prominente Persönlichkeit, die nicht genannt werden wolle. Wenn Verdi kein Interesse an einer Vertonung habe, werde sich der ägyptische Vizekönig, der sich eine repräsentative Oper für das neu erbaute Kairoer Theater wünschte, an Wagner oder Gounod wenden. Der Text wirkte auffallend professionell, wenngleich das Sujet konventionell war und die Handlungselemente dem gängigen Repertoire entsprachen. Wieder gehörte die Protagonistin, die äthiopische Sklavin Aida, zu den Außenseitern wie Ernani, Rigoletto, Azucena und Violetta. Ungewöhnlich aber war der Schauplatz: Ägypten zur Zeit der Pharaonen. Von Muzio, der über Monate in Kairo gewesen war, wo er 1869 zur Eröffnung des Suezkanals *Rigoletto* dirigiert hatte, wusste Verdi, wie hervorragend die Aufführungsbedingungen in der Kairoer Oper waren, da der Khedive viel Geld investierte. Also verlangte Verdi 150000 Francs, dreimal so viel wie für den *Don Carlos*, und zwar ausschließlich für die Rechte in Ägypten. Wahrscheinlich war der Verfasser des Textes Auguste Mariette[50], ein französischer Journalist und Archäologe.[51] Giuseppina Verdi half ihrem Mann bei der Übersetzung des französischen Textes, Antonio Ghislanzoni, ein Mailänder Journalist, der schon an der italienischen Fassung des *Don Carlos* und der Revision der *Macht des Schicksals* mitgearbeitet hatte, sollte ihn dann in Versform bringen. Beinahe täglich schickte Verdi ihm Anweisungen, ermutigte ihn zu *szenischen Kühnheiten*, drängte ihn, doch *weniger Worte* zu machen (C645, 642) und *parole sceniche*, bühnenwirksame Worte, einzusetzen. (A3,348) Auguste Mariette hatte Statuen, Dekorationen und Kostüme nach altägyptischen Vorbildern entworfen. Und Verdi ließ sich, eigentlich gegen seine Grundsätze, anstecken von dem Wunsch, eine ferne Kultur im Zitat wieder auferstehen zu lassen, er holte sich Auskünfte über Instrumente, Tänze und religiöse Riten der Pharaonenzeit, ja, er ließ bloß um des optischen Effekts willen eigens eine Trompete nachbauen, wie man sie auf antiken Grabmauern dargestellt fand. Die Musik war freilich nicht zu rekonstruieren. So versuchte er, vorwiegend im Gesang der Priesterinnen, einen exotischen Ton zu treffen durch Verfremdung der Tonalität, durch statische Melodik, liegende Bässe, kleine und übermäßige Sekunden. Schon mit der Stoffwahl hatte er diesmal dem Zeitgeschmack nachgegeben, dem Schwärmen für alles Exotische, besonders fürs Orientalische, dem auch die Sujets anderer Opern jener Zeit entgegenkamen: der «Afrikanerin» von Meyerbeer, der «Lakmé» von Delibes und der «Königin von Saba», 1862 von Gounod, 1875 von Karl Goldmark komponiert. Nach Kairo zog es auch die Maler, und in den sechziger Jahren kamen Gesellschaftsreisen zu den Pyramiden von Gizeh in Mode. Die Weltausstellung 1867 in Paris hatte die Ägyptomanie noch verstärkt. Und wie das Publikum die konservierte Wirklichkeit in den Exponaten bestaunte, so suchte es auch auf der Opernbühne ein Panoptikum vergangener Religionen, Sitten, Kulturen, dessen Schein von Echtheit vergessen ließ, dass sie für die Bühne, für die Welt der Imagination, gleichgültig ist.

Im November war die Arbeit an *Aida* abgeschlossen, doch die Uraufführung musste wegen des deutsch-französischen Krieges verschoben werden, denn aus dem belagerten Paris konnten die Kostüme und Dekorationen nicht nach Kairo geschickt werden. Nach dem schnellen Sieg der Preußen bei Sedan schrieb Verdi an Clara Maffei: *Diese Katastrophe Frankreichs bringt mich wie Sie auch zur Verzweiflung. Es ist wahr, die Aufschneiderei, die Unverschämtheit, die Arroganz der Franzosen waren und sind unerträglich, trotz all ihres Unglücks. Aber schließlich hat Frankreich der modernen Welt die Freiheit und die Kultur gebracht. Und wenn es fällt, geben wir uns keinen Illusionen hin, dann fallen auch unsere Freiheit und unsere Kultur.* (A3,360) Du Locle schickte er eine Spende für die französischen Kriegsopfer. Am 24. Dezember des folgenden Jahres sah dann ein vorwiegend europäisches Publikum in Kairo die Uraufführung der *Aida*.

Mit der Prachtentfaltung auf der Bühne, den tableauartigen Akten und Massenszenen im Stil der Grand Opéra kam Verdi dem Wunsch des Khediven nach einer Repräsentationsoper entgegen. Dass es sich auch kompositionstechnisch um ein höchst ambitioniertes Werk handelt, obwohl die Akte noch in die traditionellen Nummern gegliedert sind, lässt vor allem die Orchesterbehandlung erkennen. Durchgehende Instrumentalthemen kommentieren die Szenen, polyphoner Satz schafft dichte Beziehungen, die Harmonik wird reicher, Chromatik und Modulationen erweitern den tonalen Raum. Erkennbare Konturen entstehen durch wiederkehrende Themen, von denen zwei im Vorspiel kontrapunktisch verbunden sind: die zarte Melodie Aidas in den vierfach geteilten Violinen

Szenenbild zu «Aida», 4. Akt, 2. Bild. Teatro alla Scala, 8.4.1872. – Die Zweiteilung der Bühne war Verdis Idee.

und das feierlich-starre, fugierte Thema, das Ramphis und den Priestern zugeordnet ist. Zwei Themen verdeutlichen die Widersprüchlichkeit der Königstochter Amneris, das eine, moderato, ihre Eleganz und ihr Selbstbewusstsein, das andere, presto, oft variiert, die angstvolle Aggressivität, die aus der Eifersucht erwächst.

Am *großen Finale* des zweiten Aktes, der so genannten Triumphszene, scheiden sich die Ansichten über *Aida*. Wie die monumentale Kulissenarchitektur entfaltet im zweiten Finale auch die Musik mit zwei Orchestern und vier Chören repräsentativen Glanz. Die militärische und religiöse Machtdemonstration aber blendet nur, ohne Widerstand zu provozieren, wenngleich Verdi auch in dieser Szene die Anmaßung einer Herrscherkaste darstellen wollte. Als er in einem Brief an Ghislanzoni für die Priester den Text vorschlug: *Wir haben gesiegt mit Hilfe der göttlichen Vorsehung* (C644), geschah das in Erinnerung an Aussprüche Wilhelms I., über dessen Größenwahn er Clara Maffei schrieb: *Jener König, der ständig Gott und die Vorsehung im Munde führt und mit ihrer Hilfe den besten Teil Europas zerstört!* (A3,361) Mit dem penetrant wiederholten Orchestertusch und gewaltsamen Klangmassierungen, im unerbittlichen Gestus des Priesterchors enthält die Musik kritische Elemente, auch darin, dass der (namenlose) König, als es um die Forderung nach Geiseln geht, die Melodie des Oberpriesters gehorsam imitiert. Aber diese Signale kommen nicht an gegen den Goldglanz der Bühne, die vitale Rhythmik des Triumphmarsches, den anmutigen Gesang der Sklavinnen, den Tanz der niedlichen Mohrensklaven, die strahlenden Fanfaren und den pittoresken Reiz des Balletts. Erst der Entsetzensruf Aidas, die unter den Gefangenen ihren Vater erkennt, stört den Festakt, und nur im Concertato, eingeleitet von Amonasros Bitte, wird das angerichtete Leid spürbar, bevor der Huldigungschor mit den Heil-Rufen des Volks und endlich noch einmal der Triumphmarsch den Akt festlich beschließen.

In der Gerichtsszene erhält die Schreckensherrschaft deutlichere Konturen. So unverhüllt hat Verdi seine Abneigung gegen den Klerus nirgendwo sonst geäußert. Im Ritus der starren

Formeln, während der dreimaligen Befragung, die mit der jeweiligen Tonhöhenverschiebung allmählich drohender wird, ist der Einzelne verloren. Wie der anapästische Todesrhythmus der dreimaligen Anrede schon den Richtspruch enthält: ♪♪ | 𝅗𝅥‿♪ Radamès!, steht das Urteil von vornherein fest. Ohnmacht äußert sich in Radames' Schweigen gegenüber dem dumpfen Unisono der Mächtigen und im hilflosen Fluch der Amneris über die *ruchlose Rasse* der Priester.

Was fast alle Opernheldinnen Verdis verbindet, verdichtet sich in Aida zum Paradigma. *Auf der Erde fremd* ist sie wie Elisabeth[52], wehrlos wie alle Liebenden, der Angst ausgesetzt – erkennbar in den gebrochenen Linien ihres Gesangs, den für Verdis Frauengestalten typischen Spezzaturen –, eigentlich schon immer Abschied nehmend[53], voll Heimweh nach dem anderen Land. Daher ist ihr Gesang von Beginn an Ausdruck unbestimmter Sehnsucht und Trauer, deutlich erkennbar in ihrem wiederkehrenden Thema, mit dem das Vorspiel beginnt, und während die Vorstellung von Glück sich mit dem Todeswunsch verbindet (Romanze 3. Akt), entsteht in der Todesnähe wiederum eine Glücksvision (Andantino 4. Akt). Die großen, mehr als eine Oktave überspannenden melodischen Bögen in entlegenen Tonarten und über seraphischen Orchesterklängen, in denen sich das Denken und Fühlen von den Wirrungen und Kämpfen des Lebens zu befreien vermag, sind die Signatur auch der anderen Frauengestalten Verdis.

Wie das Meer zu Beginn des ersten Aktes in *Simon Boccanegra* ist das Naturbild im dritten Akt[54], die Szene am nächtlichen Ufer des Nils, traumhafte Vergegenwärtigung eines ersehnten Zustands. Der terzlose Klang der arpeggierenden sordinierten Violinen über dem Bordun der Celli und die wie Naturlaute klingenden Töne einer Flöte schaffen mit dem stehenden, nur in sich bewegten, fast bitonalen Klangbild, zwischen e-Moll und g-Moll changierend, die Impression einer mondbeschienenen Landschaft, deren Weite ein ferner Gesang andeutet. Die Natur wird zum Bild des *versprochenen, glückseligen Zufluchtsortes*, den Aida in ihrer Romanze *O cieli azzurri* besingt, einer Heimat, die nie sein wird. *Mai più*, betont der Gipfelton c^3, und die Elegie der Oboe beklagt ihre unendliche Ferne. Am Ende widerspricht Aida, lebendig eingemauert, dem Triumph der Gewalt, singt ihren Abschiedsgesang in Ges-Dur über Harfen- und Flageolettklängen, als stehe die Zeit still, singt wie Luisa, Leonora, Gilda, Violetta von einer anderen Welt, und wie der Blick der Sterbenden sich in *O terra, addio* mit dem inständigen Septvorhalt geradezu zärtlich der Erde zuwendet, ist kein Himmel, sondern diese Erde gemeint, die endlich Heimat wäre.

Etwa zwei Monate nach der «Lohengrin»-Premiere in Bologna, am 8. Februar 1872, dirigierte Verdi seine Oper an der Scala mit Teresa Stolz als Aida und Maria Waldmann als Amneris, zwei Sängerinnen, die in diesen Rollen auch an anderen Theatern Triumphe feierten. Er hatte darauf bestanden, die Zahl der Musiker im Chor und im Orchester wesentlich zu erhöhen. Eine Versenkung des Orchesters, die er sich nach dem Bayreuther Vorbild gewünscht hätte, konnte er nicht erreichen. Mit den überaus erfolgreichen Inszenierungen der *Aida* in Mailand, Parma, Padua, Brescia und Neapel unter seiner Leitung gelang es Verdi, manch ein Operntheater vor dem Ruin zu bewahren. Da die spärlichen Subventionen die gestiegenen Kosten für Sänger und Dekorationen nicht ausgleichen konnten, war das Niveau überall gesunken. *Unglaubliche Nachlässigkeit und Ignoranz* verhinderten zudem Reformen (C687), nicht einmal die Einhaltung des Kammertons ließ sich durchsetzen.

Maria Waldmann. Fresko in der Villa Massari-Ricasoli, Voghenza. – In der puritanischen Reaktion auf die Freizügigkeit des ersten Kaiserreichs entstand ein Kult um die Frau als Muse, Erlöserin, als Inbegriff der Reinheit. Im hochgeschlossenen Gewand, das selbst die Füße verbirgt, schwebt Maria Waldmann, berühmt geworden als Amneris in «Aida», engelgleich über der Erde.

Immer wieder empörte es Verdi, wie man seine Oper *verstümmelte.* Bedenkenlos wurde gekürzt, man hielt die Tempi nicht ein, transponierte einiges tiefer, veränderte sogar ganze Nummern.

Im Ausland wurde das Werk schnell bekannt, innerhalb von drei Jahren erschien es auf dreizehn deutschsprachigen Bühnen.[55] 1876 leitete Verdi selbst *Aida*-Aufführungen an der Pariser Oper, endlich auch hier mit ungeteiltem Beifall. Doch trotz des internationalen Erfolgs war Verdi gereizt und deprimiert. Weder Lob noch Kritik hatte ihn je besonders beeindruckt, nun aber reagierte er geradezu verstört auf die Kommentare der Kritiker. *Aida* sei «vom Germanismus gefärbt», schrieb nach der Kairoer Premiere der französische Journalist Ernest Reyer, keineswegs abwertend, eher mit Respekt; die kontrapunktischen Kunstgriffe, die Klangfarben, die Harmonik und der Orchesterpart Verdis zeigten, dass er die Werke Wagners studiert habe. Reyer prophezeite, Verdi werde nun «viele Anhänger gewinnen, selbst in den Kreisen, in denen er bislang nicht zugelassen war». (W227f.) Natürlich entging es Verdi nicht, dass die jungen Intellektuellen und die Kritiker mehr und mehr von Wagner angezogen wurden, während er selber in diesen Kreisen allmählich als überholt galt, zurückgeblieben hinter Wagners technischem Standard. Das vertiefte noch sein Misstrauen gegen Schulen, *Systeme*, *Methoden*, *Kunstgriffe*. Er selbst werde *nie ein Musikgelehrter werden*, sondern *immer ein Stümper bleiben* (C221,676), daher wollte er auch 1879 nicht Ehrenpräsident des Orchesters der Scala werden. «Germanismus» wurde das Reizwort für ihn.[56] Überall gründete man jetzt Kammermusikvereinigungen und Orchestergesellschaften, um das Publikum an die angeblich *hohe Kunst* heranzuführen. (C627) Doch statt deutsche Neuerungen zu imitieren, solle die italienische Kunst sich auf ihre Stärke, die Vokalmusik, besinnen, forderte er. Für seine Opern gelte, was er an Shakespeares Dramen bewunderte: *Das*

Uraufführungen und Schriften Richard Wagners (1813–1883):

1843	Der fliegende Holländer
1845	Tannhäuser
1849	«Die Kunst und die Revolution»
1850	Lohengrin; «Das Kunstwerk der Zukunft»
1851	«Oper und Drama»
1861	Tannhäuser-Skandal in Paris
1865	Tristan und Isolde
1868	Die Meistersinger von Nürnberg
1869	Das Rheingold
1870	Die Walküre
1876	Siegfried; Götterdämmerung
1882	Parsifal

Wahre nachzuahmen kann gut sein; aber das Wahre zu erfinden ist besser, viel besser. (A4,17) Dass auf einmal Wagner der einzige Maßstab sein sollte, dass auch *Aida* nach diesem Maßstab beurteilt wurde, empfand er als kränkend. Erregt schrieb er an De Sanctis, *nicht im Traum* habe *Aida* etwas mit Wagners Musik gemein, sie sei *das Gegenteil, das völlige Gegenteil.* (A3,566) Ein Jahr später beklagte er sich bei seinem Freund Tito Ricordi über die Art, wie die Presse ihn behandle: *Dumme Kritiken und noch dümmere Lobreden: Nicht ein bemerkenswerter Gedanke über die Kunst, nicht einer, der meine Absichten hätte interpretieren wollen.* (C280) Jahrelang hielt die Verbitterung an. Im April 1875 zog er eine Bilanz seiner Erfolge: *Nach der «Aida» endloses Gerede, dass ich nicht mehr der Verdi des «Maskenballs» sei, […] dass ich nicht verstanden hätte, für Sänger zu schreiben […] und dass ich letztlich ein Nachahmer Wagners sei!!! Ein schönes Ergebnis, nach fünfunddreißigjähriger Karriere als Nachahmer zu enden!!!* (A3,749) Dass er nach der *Aida* fünfzehn Jahre lang keine Oper mehr schrieb, zeigt die traumatische Wirkung solcher Erfahrungen. Auf die Werbung für *Aida*, die man in Kairo mache, *Reklame,* für die Kunst nur noch *ein Gewerbe, eine Vergnügungsfahrt, eine Jagdpartie* sei, reagierte er *angewidert* und aggressiv, weil er sie verband mit dem Aufsehen, das «Lohengrin» in Italien erregt hatte. *Keine Lohengrinaden* sollte es für *Aida* geben,

Die Karikatur aus dem Jahr 1879 verspottet den Komponisten der «Aida» als Drehorgelmann und Imitator Wagners.

lieber das Feuer!! (A3,518) Während einer «Lohengrin»-Aufführung 1871 in Bologna hatte er seine Eindrücke auf den Rändern eines Klavierauszugs notiert. Vieles kritisierte er, weil es *ohne Wirkung* bleibe, die schleppende Handlung, manche *langweiligen* Chöre, den rhythmisch wenig prägnanten *Orgelstil*, natürlich den *scheußlichen Schwan*, manches hingegen, zum Beispiel die Instrumentation, fand er gelungen, *sehr schön.* Ein Misstrauen des Italieners gegen alles Unklare, Mystische zeigt sein Resümee: *Schöne Musik, wenn sie klar ist, hat sie Substanz.* (A3,508–511) Später lernte er den «Lohengrin» schätzen, «Tristan» aber hielt er für *eine der erhabensten Schöpfungen des menschlichen Geistes.* (I317)

Einmal, im April 1873, hatte Verdi in Neapel ein paar Gäste in sein Hotel geladen, die zu ihrer Verblüffung Notenständer und Kerzen bemerkten. Verlegen, fast sich entschuldigend, kündigte Verdi den Vortrag eines Streichquartetts an, das er bloß geschrieben habe, um sich die Zeit während ausgefallener Proben zu vertreiben. Aber ein Gelegenheitswerk fürs häusliche Musizieren war das Stück nicht, und die Wahl der anspruchsvollen Gattung lässt die Absicht erkennen, kompositorische Techniken zu erproben. Verdis Bescheidenheit war nicht gespielt, sie zeigt sich auch in der unprätentiösen Anlage und der transparenten Faktur der vier Sätze, die meist leise und *leggiero* zu spielen sind. Dem lyrischen Sonatensatz folgt eine zarte Mazurka, vagierend zwischen Dur und Moll und zwischen entfernten Tonarten. Nach einem bizarren Scherzo bildet eine Fuge den Abschluss, mit *Scherzo* überschrieben, doch lassen die zahlreichen chromatischen und kontrapunktischen Finessen keinen Zweifel über den kompositorischen Anspruch. Drei Jahre zögerte Verdi, bis er sein Quartett veröffentlichte, war es doch *kein in Italien heimisches Gewächs.* (C302)

«Ich weiß gar nicht, wie ich mich für Ihre liebenswürdige Einladung bedanken soll, einige Tage bei Ihnen auf dem Lande zu verbringen», hatte Teresa Stolz an Verdi geschrieben. Der holte sie am 23. September 1871 selbst von der Bahnstation ab. Am selben Tag trug Giuseppina Verdi in ihren Kalender ein:

«Vielleicht der traurigste Augenblick meines Lebens. Signora Stolz kam heute an. Immer noch sehr schön. Dunkel, Dunkel, Dunkel vor mir …»[57] Teresa Stolz, in Prag geboren, sang seit 1864 an italienischen Bühnen und wurde von Mariani gefördert, mit dem sie sich zwei Jahre zuvor verlobt hatte. Damals hatte sie mit der Partie der Leonora aus der *Macht des Schicksals* großen Erfolg an der Scala gehabt. Nicht erst seit jener Zeit litt Giuseppina Verdi unter einer geradezu verletzenden Verschlossenheit ihres Mannes, einer solchen Verhärtung ihr gegenüber, dass sie das Gefühl hatte, «verleugnet zu werden» (A3,248). Nach ihrem Besuch bei den Verdis löste Teresa Stolz ihre Verlobung und war nun häufig Gast in Sant' Agata, auch in Genua, oft wochenlang. Giuseppina Verdi ließ sich kaum etwas anmerken, begegnete ihr liebenswürdig, glaubte vielleicht, mit dem Angebot ihrer Freundschaft das Unglück abzuwenden. Doch war sie erfüllt von «Traurigkeit, um nicht zu sagen Verzweiflung», wie sie Clara Maffei gestand (A3,581), und auf Teresas Post – «16 Briefe! in kurzer Zeit!! Wie fleißig» – reagierte sie mit heimlicher Verbitterung.[58] Schon damals, noch vor ihrem sechzigsten Geburtstag, fühlte sie sich alt, nicht mehr attraktiv, lebte «von Erinnerungen» (A3,670). Sie war häufig krank, dachte oft an den Tod, war auch in ihrem Glauben verunsichert. Verdi dagegen, auf dem Höhepunkt seines Ruhms, schien von einer Energie wie seit langem nicht mehr. Die zwanzig Jahre jüngere Teresa ließ ihn sein Alter vergessen, und mit der Rücksichtslosigkeit derer, die den Sturz ins Glück erleben,

Teresa Stolz, 1870

ging er über den Schmerz seiner Frau mit «harten, heftigen, verletzenden Worten» hinweg. (A3,806) Während der Proben zur *Aida* und zum *Requiem* in Paris, danach auch in Wien und selbst zur Kur in Tabiano wohnte Teresa Stolz im selben Hotel wie die Verdis, in dem sie auch gemeinsam die Mahlzeiten einnahmen. Einmal, 1876 in Paris, entwarf Giuseppina im Tagebuch einen Brief an ihren Mann: «Es schien mir nicht der passende Tag, um eine Dame zu besuchen, die weder deine Frau noch deine Tochter noch deine Schwester ist. [...] Denk manchmal daran, dass ich, deine Frau, ohne auf das Gerede von damals zu achten, auch in diesem Augenblick ein Leben zu dritt führe und ein Recht, wenn nicht auf deine Zärtlichkeit, so doch zumindest auf deine Achtung habe.» (A3,806) Im September des Vorjahres waren in der Florentiner «Rivista Indipendente» eine Reihe von «Enthüllungsartikeln» erschienen. Nach allerhand bösartigem Klatsch zur Karriere der Stolz folgte als Sensation ein detaillierter Bericht über eine intime Beziehung zu Verdi. Ob Giuseppina Verdi diese Artikel kannte, ist ungewiss, wenn auch wahrscheinlich, da sie sich schon drei Jahre zuvor bei De Sanctis nach Gerüchten über Verdi und Teresa Stolz erkundigt hatte, mit der Bitte, doch in Englisch zu antworten. Dennoch begegnete sie ihrer Rivalin am Ende geradezu solidarisch. Öffentliche Häme hatte ja auch sie erfahren. Als Teresa Stolz sich 1877, da war sie 43, von der Bühne zurückzog, schien die Krise überwunden, und es entstand so etwas wie eine Freundschaft zwischen den beiden Frauen.

Die Nachricht vom Tode Alessandro Manzonis empfing Verdi, tief deprimiert, im Mai 1873. Eine Epoche ging zu Ende, als deren Repräsentanten er und Manzoni galten. Drei Wochen nach dem Schriftsteller starb Mariani, doch erst zwei Jahre später vermochte Verdi zuzugeben, dass jener *Arme* – Marianis Namen sprach er nicht aus – *gewiss mehr wert war als alle anderen zusammen* (A3,764). Nach seinem Tod bezogen die Verdis ein anderes Winterquartier in Genua, eine 20-Zimmer-Wohnung im Palazzo Doria. Verdi wollte eine Messe komponieren, eine Hommage an Manzoni, die zu seinem ersten Todestag in der Mailänder Kirche San Marco aufgeführt werden sollte. Abgesehen von dem sehr frühen *Tantum ergo* und dem *Libera me* für die Pasticcio-Messe zum Gedenken an Rossini hatte Verdi keine geistliche Musik komponiert. Seitdem er Macht und Willkür des Klerus schon in Busseto zu spüren bekommen hatte, war sein Misstrauen gewachsen. Mit der Figur des Großinquisitors im *Don Carlos* und mit der Rolle der Priester in *Aida* hatte er vorgeführt, wie im Namen der Religion Macht missbraucht wird. Das Unfehlbarkeitsdogma aus dem Jahr 1870 verstärkte seine Antipathie gegen die Haltung des Papstes noch. Verdi gehörte nicht zu den Frommen, er war «hartnäckig» in seinem Unglauben, zum Leidwesen seiner Frau, die ihn zu denen zählte, «die glücklich sind, indem sie an nichts glauben und sich nur streng an die Moralgesetze halten» (C501). Halb ernst, halb ironisch kommentierte er die Arbeit an dem für ihn ungewöhnlichen Sujet: *Mir scheint, ich bin ein seriöser Mensch geworden und nicht mehr der Clown des Publikums, der unter lautem Getrommel «Auf, auf, hereinspaziert» schreit.* (A3,679) In der Polyphonie, dem Dissonanzenreichtum der Harmonik, den Raumwirkungen durch die Instrumentation und in der Einheitlichkeit des musikalischen Materials zeigt sich Verdis avancierte Technik. Der absteigende Molldreiklang zu Beginn ist ebenso auf die Quinte als zentrales Intervall zurückzuführen wie die Melodien des *Kyrie*, des *Liber scriptus* und wie die beiden Fugenthemen im *Sanctus* und im Responsorium. Bei aller kompositorischen Technik indes ist die *Sanctus*-Fuge, die in der Exposition sogar zwei Themen nach Art einer Doppelfuge und ein weiteres Staccato-Thema in den Streichern durchführt, ein fast tänzerischer Freudenausbruch, wie eine Fanfare steigt ihr Hauptthema auf. Ebenfalls schnell, *agitato*, ist die ausgedehnte Schlussfuge *Libera me* zu singen, die mit Umkehrungen, Engführungen, Modulationen, Vergrößerungen und Sequenzierungen des Themas geradezu dramatische Steigerungen entwickelt. Das *Requiem* für Manzoni erreicht fast die Ausmaße einer Oper, des *Rigoletto* etwa. 100 Instrumentalisten und 120 Choristen musizierten bei der Uraufführung gemeinsam mit vier Solisten, darunter Teresa Stolz und Maria Waldmann, für deren Stimmen die Sopran- und Mezzosopranpartien komponiert waren. Verdi schrieb es in seiner Sprache, ohne Verstellung, ohne einen ihm fremden antikisierenden, klassizistischen oder liturgischen Tonfall. Das *Dies irae* ist den Gewitterszenen im *Rigoletto* und *Otello* verwandt; das düstere b-Moll und die ersten sieben Töne des *Lacrymosa* sind der Klage König Philipps um Posa aus einem später gestrichenen Duett im *Don Carlos* entnommen; der Glanz der hohen Streicher aus *La traviata* und *Aida* kehrt im *Lux aeterna* wieder. Und wenn der Sopran zu Beginn des *Libera me* gehetzt, ohne Halt, *senza misura* singt, in abgebrochenen Phrasen, fast geflüstert, *mit düsterer Stimme*, erinnert dies an die Schlafwandelszene der Lady Macbeth. So wie die Stimmen flüstern, schreien, weinen[59], ist nicht Metaphysik der Inhalt der Messe. Indem der *Dies-irae*-Satz zum beherrschenden Teil des Requiems wird – er nimmt weit über die Hälfte des Werks ein, und der *Dies-irae*-Chor kehrt noch einmal im *Libera me*[60] wieder –, wird die Darstellung der leidenden Kreatur, ihres Bedrohtseins und ihrer Hoffnung auf Befreiung in den Mittelpunkt gestellt. Später haben jüdische Gefangene in Theresienstadt Verdis *Requiem* gesungen. Niemals sonst hat Verdi kollektive Angst, seit dem *Nabucco* schon ein Thema seiner Opern, in solcher Schärfe dargestellt: plötzlich losbrechende Tutti-Schläge, peitschende Bläserskalen, der Chor wie ein einziger vielstimmiger Schmerzensschrei. Den Schrecken des *Turba mirum*, dem Fluchmotiv des *Rex tremendae* und der vernichtenden Machtgeste des *Confutatis* gegenüber stehen die vielgestaltigen Klagerufe, die Seufzer und Schmerzenslaute (*Quid sum miser*), die Ohnmacht des Einzelnen, der stockende Gesang, das sprachlose Entsetzen vor dem Nichts (*Mors stupebit*). Fast fordernd klingt der Befreiungsruf des *Libera me*, durch harte Orchesterschläge markiert, begleitet von Trompetenfanfaren und Paukenwirbeln. Wie die Befreiung noch aussteht, schließt die Messe im äußersten piano, fällt zurück in den liturgischen Ton, ins geflüsterte Gebet.

Durch Vermittlung Boitos, der Mitglied im Stadtrat war, konnte die Gedenkfeier trotz zäher Widerstände wegen der hohen Kosten dann doch am 22. Mai 1874 stattfinden. Drei Tage später dirigierte Verdi seine Messe an der Scala, kurz darauf folgten Aufführungen in anderen italienischen und in ausländischen Opernhäusern, 1876 in Wien war Brahms unter den Zuhörern. Der Dirigent Hans von Bülow fand Verdis «neueste Oper im Kirchengewande» peinlich, in der «Allgemeinen Zeitung» attackierte er diese «romanische Barbarei» «voller Abgeschmacktheiten und Hässlichkeiten» (W230) und provozierte empörten Widerspruch in der italienischen Presse. Ein Jahr darauf urteilten auch die «feinsten Kenner» in Deutschland schon ganz anders, wie Hanslick berichtet, selbst «geschworne Verdi-Gegner stimmten rückhaltlos in den allgemeinen Beifall»[61]. Achtzehn Jahre später entschuldigte Bülow sich für seine «große journalistische Dummheit», Verdis letzte Werke – *Aida, Otello*, das *Requiem* – hätten ihn «zu Tränen gerührt». (W246 f.) Weil das Requiem sich als Kassenerfolg erwies, arrangierte man es zu Verdis Entsetzen für die verschiedensten Besetzungen, gar für eine Militärkapelle. Verdi beschwerte sich bei seinem Verleger auch über unzureichende Aufführungen; er komme sich vor wie *ein Arbeiter, ein Tagelöhner, der seine Ware bei der Firma abliefert und den die Firma ausbeutet, wie es ihr gerade passt.* (C291)

Dass 1874 mit seiner Ernennung zum Senator natürlich auch der Steuerzahler Verdi honoriert wurde, machte ihn eher verlegen. Glücklich aber war er, als er 1877 auf dem Rheinischen Musikfest in Köln sein *Requiem* mit 700 Musikern dirigierte und begeistert gefeiert wurde. Mit Ferdinand Hiller, der ihn eingeladen hatte, blieb er fortan in Briefkontakt. Fast beneidete er Hiller, den zwei Jahre Älteren, um seine Aktivität: *Je älter ich werde, umso mehr habe ich Lust, nichts zu tun. […] Ich empfinde Scham und Reue deswegen.*[62] Über das Alter konnte der Ruhm nicht trösten. Als er sechzig war, bekannte er in einem Brief an Clara Maffei eine tiefe Niedergeschlagenheit: *Ich glaube an nichts mehr, an niemand, oder fast … Ich habe plötzlich so große und grausame Enttäuschungen erlebt.*[63] Nicht an Verdi zurückgezahlte Darlehen zerstörten die langjährige Freundschaft mit der Familie De Sanctis; mit Escudier kam es aus ähnlichen Gründen zum Bruch; Du Locle, der als Direktor der Opéra-Comique finanziell gescheitert war, verklagte er wegen ausstehender Zahlungen. 1876 starben zwei seiner alten Freunde, Piave und Luccardi. Aus Bayreuth kam die Nachricht von der Eröffnung der Festspiele im August. Es tröstete ein wenig, wenn ihm die jungen Leute schrieben und an ihren *alten Maestro* dachten, wie es Maria Waldmann tat. *Sie sind jung, schön und jetzt auf dem Gipfel Ihres Glücks*, antwortete Verdi im Juli 1876. *Wir leben hier ruhig und, wenn auch nicht heiter, so doch erträglich.* (C524,523) Der Umgang mit der jungen Filomena tat ihnen gut. Sie hatte die Ausbildung zur Grundschullehrerin in Turin erfolgreich abgeschlossen, woran Giuseppina ihren Anteil hatte; Verdi bemerkte, dass beide Frauen ganz *wild auf Sprachen* waren (A4,26). Als Fifao, wie sie genannt wurde, 1878 Alberto Carrara heiratete, war das ein Anlass, die Villa Sant' Agata noch einmal zu verschönern.

In diesem Winter wird es Teuerung und Hungersnot geben, prophezeite Verdi 1879 nach verheerenden Überschwemmungen durch das Hochwasser des Po. *Und unterdessen*, fügte er hinzu, *denkt die Regierung daran, die Steuern zu erhöhen.* (A4,96) Für die Opfer der Flutkatastrophe dirigierte er sein *Requiem* in einem Benefizkonzert an der Scala, das 37 000 Lire einbrachte. Den Bauern und Arbeitern in seiner nächsten Umgebung, die durch den Krieg in Not geraten waren, hatte Verdi schon über Jahre großzügig geholfen, mit Geld, Nahrungsmitteln, Empfehlungen, eine Zeit lang gab es eine Armenspeisung in Sant' Agata. Auch Not leidende Musiker unterstützte er, unter anderen den jungen Ruggiero Leoncavallo. Über die anhaltende Wirtschaftskrise, die Unfähigkeit der wechselnden Regierungen, die Kolonialpolitik, dazu die außenpolitische Bedeutungslosigkeit Italiens war Verdi verbittert.

Sein Lebenswerk schien mit dem *Requiem* abgeschlossen. Als er 66 wurde, diktierte er Ricordi auf dessen Wunsch einen Teil seiner Autobiographie. Aus dem Palazzo Cavalli sollte nach den Vorstellungen seiner Frau, die das Haus gekauft hatte, eine Gedenkstätte für Verdi werden. Nach der erfolgreichen *Aida*-Premiere in Paris schrieb sie ihrem Mann aus Genua: «Sollen die Ovationen ruhig bis zum Himmel steigen, wenn du mich nur bei dir sein lässt. Du wirst sehen, ich werde dich nicht stö-

Giuseppina Verdi. Anonymes Porträt in der Villa Sant' Agata (Ausschnitt). – «Sie sprach mit großer Schlichtheit, etwas langsam, nicht aus Hemmung, sondern mit Bedacht, indem sie ihre wenigen, immer treffenden Worte und Sätze fast zu sieben schien; [...] jedes Urteil sprach sie in Form eines Zweifels aus.» Aus dem Bericht von De Amicis (Busch: Briefwechsel Verdi-Boito, S. 597)

ren und dir nur dann bewegt und leise sagen, wie ich dich liebe und achte, wenn die anderen schweigen, um Luft zu holen und sich die Nase zu putzen.» (A4,123) 1880 fuhr sie mit ihrem Mann nach Mailand, das ihn zum Ehrenbürger ernannt hatte. Der König verlieh ihm den Titel «Ritter des Großkreuzes der Italienischen Krone». Während der Feier wurden seine beiden neuen geistlichen Stücke gesungen, das *Ave Maria* für Sopran und Streichorchester und das *Pater noster*, ein fünfstimmiger A-cappella-Chor, der wie eine Huldigung an Palestrina klang.

«Wenn ich mit der Musik nicht zu Ende käme?»

Die Jahre vergingen im immer gleichen Rhythmus. Den Winter über waren Giuseppe und Giuseppina Verdi in Genua, wo sie das Weihnachtsfest gemeinsam mit Muzio, dem Ehepaar De Amicis und Teresa Stolz feierten, die dort selbst eine Wohnung hatte. Ab und zu fuhr Verdi von Genua nach Sant' Agata, kümmerte sich um die Pachtzahlungen, den Einkauf des Saatguts, um Reparaturen und Bauarbeiten. Er beschäftigte insgesamt zweihundert Land- und Bauarbeiter, zeitweilig hatte er allein sechzehn Leute zur Pflege des Gartens angestellt. (PM665,684) In Sant' Agata verbrachten sie das Frühjahr und den Spätsommer, oft in Gesellschaft von Freunden und Bekannten. Muzio, Boito, Teresa Stolz und Barberina Strepponi, Giuseppinas Schwester, blieben manchmal wochenlang zu Besuch. Verdi hatte gern Gäste, zeigte ihnen seine Bibliothek, seine Sammlungen alter Drucke und seltener Autographen, sorgte für ausgezeichnetes Essen, gelegentlich kochte er selbst, abends spielten sie Karten oder Billard; im Übrigen aber blieb die Normalität des Alltags gewahrt. Während Verdi wie immer seinen Arbeiten nachging, bewegte sich der Gast so ungezwungen im Haus, als «wohnte er dort schon seit zehn Jahren». Kaum jemals spielte Verdi seine Musik auf dem Klavier vor, doch erinnerte sich ein Besucher, wie er mit Feuer und schauspielerischem Temperament Passagen aus dem Otello-Libretto vorlas. An einem Sommerabend im Garten begannen Teresa Stolz, Boito und Giuseppe Giacosa, ein Schriftsteller und Freund Boitos, im Dämmerlicht Melodien aus *Ernani* zu singen, dann ganze Szenen daraus zu spielen, während Giuseppina und Giuseppe Verdi auf den steinernen Stufen saßen, zuschauten und lachend applaudierten. (I153,156,155)

Im Juni oder Juli fuhren sie zur Kur nach Tabiano oder Montecatini, gemeinsam mit Teresa Stolz und dem Ehepaar

De Amicis. Das Gleichmaß wurde nur von Reisen nach Paris unterbrochen, 1880 dirigierte Verdi dort *Aida*, 1882 verhandelte er über seine Urheberrechte, 1886 war er mit seiner Frau und Muzio in Paris, um den Sänger Maurel zu hören, seine letzten Parisreisen machte er noch als Achtzigjähriger. Regelmäßig fuhren sie wenigstens einmal im Jahr, oft im April, nach Mailand, wo seit 1877 die glasüberwölbte Galleria Vittorio Emanuele mit zahlreichen eleganten Läden und Restaurants zu bestaunen war. Die Verdis wohnten dann immer im Grand Hôtel Milan, in ‹ihrer› Suite, und trafen sich in der ‹musikalischen Tafelrunde› mit den Ricordis, Faccio, Boito, Clara Maffei und Teresa Stolz, die montags in ihrem «ägyptischen Salon», einer Hommage an *Aida*, Empfänge gab und des Öfteren Konzerte organisierte.

Eines Abends, während eines gemeinsamen Essens in Mailand mit Ricordi und ein paar anderen Freunden, bei dem die Rede zufällig auf Rossinis «Otello» kam, wurde das *Schokoladenprojekt* geboren. Drei Tage später nämlich brachte Boito Verdi seine Skizze zu *Otello*. Das war 1879, sieben Jahre vor der Uraufführung der Oper. Dass er Verdi vor Jahren mit seiner Ode «All'arte italiana» tief verletzt hatte, hielt den sensiblen Boito so lange davon ab, sich wegen einer Zusammenarbeit direkt an Verdi zu wenden, bis Giulio Ricordi vermittelte. Neben Libretti hatte Boito Erzählungen verfasst und viel übersetzt, auch mehrere Texte von Wagner. Seit über fünfzehn Jahren schrieb er an seiner Oper «Nerone», und 1868 hatte er mit «Mefistofele» einen Skandal verursacht, 1875 indes wurde die Wiederaufnahme zu einem Triumph.[64] Nun aber hatte er nur noch diesen *Otello* im Kopf. Das Libretto lieferte er nach drei Monaten ab. Verdi kaufte es und legte es zu seinen Papieren. Ein Widerwille schon gegen die leiseste Andeutung einer Verpflichtung hemmte ihn, gewiss auch Scheu vor der großen Aufgabe – den «Lear» hatte er nie fertig bekommen –, zudem der Druck, der mit der Konkurrenz Wagners auf ihm lastete, und die Angst, dass die verbleibende Zeit nicht ausreichen könnte. Doch war er schon «ins Netz» geraten, «sozusagen blind und ohne es zu wollen», wie seine Frau Ricordi anvertraute.[65] Ricordi, der sich natürlich eine neue Oper von Verdi wünschte, war klug genug, ihn mit äußerster Vorsicht zu behandeln. Über den «Mohren», so lautete die Absprache zwischen ihm und Giuseppina Verdi, war absolutes Stillschweigen zu bewahren. Doch seit 1881 war der Panettone, der Weihnachtskuchen, den der Verleger jedes Jahr in den Palazzo Doria schickte, verziert mit einer kleinen Schokoladenfigur, einem Mohren, dem noch die Beine fehlten.

Zunächst aber brauchte Verdi Boitos Hilfe für die Neufassung eines Werks, das schon 23 Jahre zurücklag. *Ich bin daran, die Beine eines alten Hundes aufzurichten, der in Venedig schön geprügelt wurde und Simon Boccanegra heißt,* schrieb er im Januar 1881 an Arrivabene.[66] Boito überarbeitete Piaves Verse, das Libretto wurde gestrafft, Verdi komponierte ein fast impressionistisches Vorspiel, und er entwarf eine neue Szene für den ersten Akt mit einer Rede des Dogen an das zerstrittene Volk von Genua, einem eindringlichen Appell zur Aussöhnung, in dem sich die politischen und gesellschaftlichen Spannungen aus Verdis eigener Zeit abzeichnen. Wenngleich die neue Fassung des *Boccanegra* am 24. März 1881 mit Beifall aufgenommen wurde, ist diese schwer zu besetzende, in dunklen Farben gehaltene Oper nie populär geworden.

Im Jahr darauf kürzte Verdi *Don Carlo* auf vier Akte. *Zu lange Opern werden grausam amputiert,* schrieb er an Piroli. *Als sie mir die Beine abschneiden wollten, habe ich es vorgezogen, das Messer selber zu schärfen und anzusetzen.* (A4,203) Auch nach der erfolgreichen Mailänder Premiere des *Don Carlo* im Januar 1884 blieb er misstrauisch. *Dieses Händeklatschen sollte heißen: «Du, immer noch auf der Welt und schon so alt, wenn du auch vor Erschöpfung zusammenbrichst, spiel uns nochmal zum Tanz auf!»* (A4,232)

Verdis Äußerungen über Musik aus dieser Zeit klingen fast alle gereizt. *Ich diskutiere nicht; ich weiß nichts, ich will nichts wissen.* (C630) Obwohl in seiner Bibliothek viele Notenbände standen und Muzio ihm 1885 die Partituren der «Meistersinger» und des «Parsifal» aus Paris hatte schicken müssen, stellte er sich fortschrittsfeindlich, schützte sich mit der Maske des

Bauern, des Unwissenden, der allein der Inspiration vertraut, und weigerte sich fast immer, über Musik zu urteilen. Hinter seiner Forderung nach Einfachheit und Natürlichkeit, die dem Habitus des Bauern entsprach, in der Abwehr gegen alles Erkünstelte, Maßlose zeigt sich indes eine erhöhte Sensibilität für den Verlust an Sicherheit, für die Auflösungstendenzen im zu Ende gehenden Jahrhundert. Unglücklich war er über die jungen Komponisten seines Landes, wenn sie, von der *französischen* oder *der deutschen Krankheit infiziert* (C631), nur noch *à la Chopin, à la Mendelssohn, à la Gounod usw.* komponierten.[67] Im Mai 1884 spielte man in Mailand die erste Oper des jungen Puccini, «Le villi». Nach diesem noch romantischen Debüt wurde Ricordi Puccinis Fürsprecher und Verleger, und auch Verdi äußerte sich wohlwollend: *Er folgt den modernen Tendenzen, und das ist natürlich, aber er bleibt eng verbunden mit der Melodie, die weder modern noch altmodisch ist. Indes scheint bei ihm das sinfonische Element vorzuherrschen. Das ist kein Nachteil, nur muss man damit vorsichtig umgehen. Oper ist Oper, Symphonie ist Symphonie, und ich halte es nicht für gut, ein symphonisches Stück in eine Oper einzufügen, nur um das Orchester tanzen zu lassen.* (C629 f.) Puccinis veristische Opern scheinen Verdi nicht mehr interessiert zu haben, denn er hat sich nie wieder in einem Brief über diesen Komponisten geäußert.

Erschöpft von der Theaterarbeit, erlitt Verdi im April 1883 einen Schwächeanfall. Aber weil er es nicht aushalten konnte, untätig zu sein, ließ er sich nun ganz und gar auf das praktische Leben ein: die Heu-, Getreide- und Weinernte, die Rinder- und Pferdezucht, die notwendigen Reparaturen; Ziegel mussten bestellt, Abrechnungen erledigt werden. 1880 hatte er eine Meierei bauen lassen, vor allem um den Leuten in seiner Umgebung Arbeit zu verschaffen, er war stolz, dass wenigstens in seinem Ort kein Arbeitsloser gezwungen war auszuwandern. Dann plante er den Bau eines kleinen Krankenhauses in Villanova. *Die armen Kranken in dieser Ortschaft haben kein anderes Krankenhaus als das in Piacenza, 34 oder 36 Kilometer entfernt, und der größte Teil dieser Ärmsten stirbt auf der Straße*, berichtete er Piroli. (A4,203) Nachdem im Frühjahr 1883 mit dem Bau be-

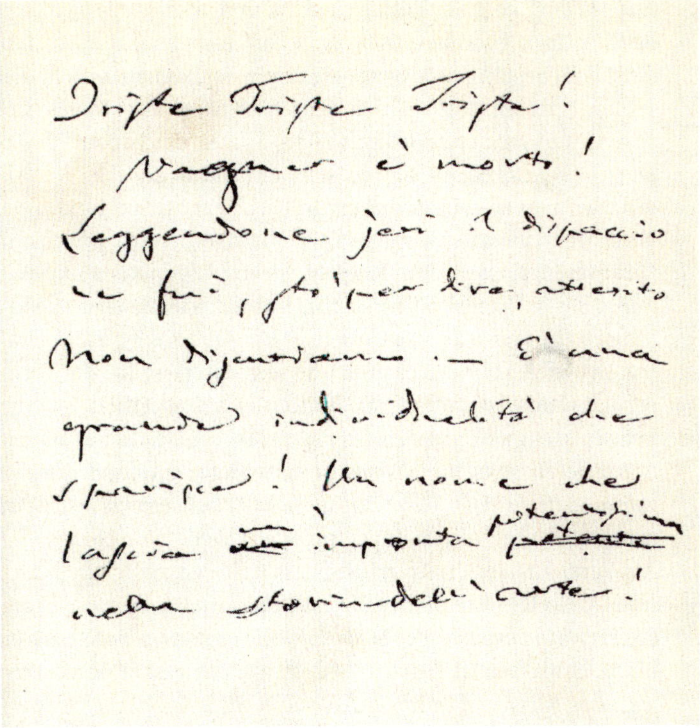

Triste Triste Triste!
Wagner è morto!
Leggendone jeri il dispaccio
ne fui, sto' per dire, atterrito.
Non discutiamo. — È una
grande individualità che
sparisce! Un nome che
lascia un'impronta potentissima
nella storia dell'arte!

«Traurig! Traurig! Traurig! Wagner ist tot!!! Als ich gestern die Nachricht las, war ich, das kann ich sagen, niedergeschmettert! Diskutieren wir nicht. Eine große Persönlichkeit ist dahingegangen! Ein Name, der in der Geschichte der Kunst einen übermächtigen Eindruck hinterlässt!!»
Brief Verdis vom 15. 2. 1883 an Giulio Ricordi

gonnen worden war, konnte das Haus fünf Jahre später eingeweiht werden.

Wie sehr Verdi indes die kreative Arbeit entbehrte, lassen wiederkehrende Depressionen erkennen. Im Oktober 1883 erhielt Clara Maffei einen mutlosen Brief von ihm: *Ich glaube, das Leben ist etwas ganz und gar Dummes und, noch schlimmer, Nutzloses. Was ist zu machen? Was können wir tun? Fasst man alles zusammen, gibt es nur eine beschämende und trostlose Antwort:*

NICHTS! (C503) Er fühlte sich alt und müde. Als er dann endlich im Dezember 1884 ernsthaft mit der Komposition des *Otello* begann, war es geradezu ein Freudenausbruch, der seinen Brief an Boito einleitete: *Ich schreibe!! Ich schreibe [...] ohne Gedanken an das Später.* (VB78) Später, das bedeutete die *laute Öffentlichkeit*, die er nie gemocht hatte, die ihm im Alter aber nahezu *widerwärtig* wurde. (C322) Mit Boito konnte Verdi intensiv wie nie zuvor mit einem anderen Librettisten zusammenarbeiten. Sein Respekt vor der Kompetenz und Bildung Boitos hinderte ihn nicht, immer wieder eigene Vorschläge für den Text zu machen, er kannte Shakespeares Drama aus wiederholter Lektüre, und sein Interesse für die Form des Librettos ist auffallend. Boito, der seine Arbeit bis zur Selbstverleugnung in den Dienst Verdis stellte, den er in seinen Briefen stets mit «Maestro» anredete, empfand die Zusammenarbeit als Auszeichnung. Mit außergewöhnlichem musikalischem Verständnis ging er auf Verdis Vorschläge ein. Als Verdi aus der Presse erfuhr, dass Boito angeblich bedaure, sein Otello-Libretto nicht selbst vertonen zu können, bot er an, das Libretto zurückzugeben, ja, er wolle es Boito schenken. Der klärte dann, bestürzt und in Angst um das gemeinsame Projekt, das Missverständnis auf. Wenn Verdi wiederholt zu erkennen gab, dass es fraglich sei, ob er *Otello* je beenden werde, geschah das gewiss nicht, um die allgemeine Neugier noch anzustacheln. Seine Unsicherheit wurzelte tief, verließ ihn auch nie mehr. Immer war da die Angst, nicht zu Ende zu kommen. *Alles stört, beunruhigt einen, und man verliert Zeit! Ach, die Zeit!!* (C344) Einmal geriet die Arbeit monatelang ins Stocken, weil Verdi erschöpft war. Da wurde die tägliche *Leere* spürbar. (C526) Zwei seiner ältesten Freunde erlebten die *Otello*-Aufführung nicht mehr. Clara Maffei starb im Juli 1886, Opprandino Arrivabene drei Monate später. Am 1. November erhielt Boito Verdis Nachricht: *Er ist fertig! Heil uns ... (und auch IHM!!)* (C700)

Zu den Proben, die Verdi ungeduldig, fast immer unzufrieden überwachte, hatte kein Journalist oder Besucher Zutritt. Umso gespannter war man auf die neue Oper, selbst aus dem

Erstes Szenenbild aus der Uraufführung des «Otello» 1887 an der Mailänder Scala. Das Gewitter, von dem die Personen bei Shakespeare nur berichten, wird über dreieinhalb Minuten mit einer Sturmmusik in bis dahin nie gehörter Intensität dargestellt.

Ausland gab es zahlreiche Kartenbestellungen. Am 5. Februar 1887, dem Tag der Uraufführung, waren schon mittags alle Straßen in Mailand verstopft, und vor der Scala nahmen die «Viva-Verdi»-Rufe kein Ende. Unter Faccios Dirigat sangen Francesco Tamagno (Otello), Romilda Pantaleoni und der berühmte Victor Maurel (Jago). Giuseppina Verdi berichtet von einer «ohrenbetäubenden Begeisterung, die in einem Rausch endete» (A4,352). Verdi holte auch Boito auf die Bühne, der nie vergessen konnte, wie Verdi seine Hand ergriff: «Seine Berührung – es lag etwas so Gütiges, so Väterliches, so Beschützendes darin.» (W243) Draußen hatten die Leute die Pferde von Verdis Kutsche ausgespannt und zogen den Wagen selbst zum Hotel, wo die ganze Nacht unter Verdis Fenster Musik gemacht wurde. *Nie wieder*, glaubte Verdi, würde er dieses Glück über eine vollendete Arbeit erleben, und mit dem *Nie wieder* schien sich ihm in all die Jubelrufe der Klang der *Totenglocke* zu mischen. (A4,352)

Wie die Oper beginnt, mit einer grellen Dissonanz, mit Klängen und Geräuschen, die über den Hörer hereinbrechen, ist nicht bloß ein Unwetter dargestellt. Peitschende Glissandi, selbst in den Posaunen, rasende Skalen, jagende Triolen, unaufgelöst bleibende Dissonanzen, chromatisch verschobene verminderte Septakkorde sind zu vernehmen, dazu Donnerschläge, Kanonenschüsse, Angstrufe, Klagelaute der Hörner (*come un lamento*), der Chor mit dem Ausdruck des Entsetzens, dies alles über einem Orgelcluster (c / cis / d), der 256 Takte lang angehalten wird. Um die dunklen Register des Orchesters zu verstärken, hatte Verdi bei der Firma Pelitti[68] eigens eine Bassposaune bauen lassen. Das Formlose, Chaotische wird zur Allegorie existenzieller Gefährdung. *Jetzt geht es unter, / Jetzt steigt es auf zum Himmel*, heißt es über Otellos Schiff, und wie in einer apokalyptischen Szene (*Das Universum ächzt*) stimmen die Menschen am Ufer eine Art Gebetshymnus an, bevor der erste Durakkord – es ist E-Dur, die Tonart des Liebesthemas – verkündet: *Er ist gerettet!* Wenn die Unruhe der Triolen endet und das strahlende Cis-Dur des *Esultate!* für einen Augenblick einen ganz anderen Klangraum öffnet, erhält Otellos erstes Erscheinen auf dem Hintergrund der Sturmszene einen solchen Glanz, dass der Eindruck des Helden, des Siegers schlechthin entsteht, einer Größe, an der sich der bevorstehende Absturz messen lässt, der tiefer ist als der irgendeines anderen Helden Verdis.

Zunächst indes war es Jago, der Verdis Interesse auf sich zog und kurze Zeit dem Projekt seinen Namen gab. Verdi wollte sich dieses Gesicht vorstellen können und drängte den Maler Morelli förmlich, Jago zu porträtieren. *Wunderbar* gelungen fand er Jagos Credo, das Boito auf seine Anregung hin verfasst hatte. Zu diesem Text komponierte Verdi die Travestie einer Arie: Reste der Scena, des Cantabiles und der Cabaletta, eine zerstörte Syntax als Ausdruck menschlicher Deformation.[69] Schon in den chromatischen Koloraturen des *beva* aus dem Trinklied erschien die Grimasse des Bösen. Wie usurpierte

Macht fehlende Identität ersetzen soll, zeigt die Theatralik des Credos. Dass Jago von der Lust des Zynikers getrieben wird, andere zu Spielfiguren zu erniedrigen und sie sodann aus der Perspektive des Voyeurs zu beobachten, findet seinen Ausdruck in Spottmotiven, tiefen Trillern, höhnischen Blechbläsersignalen und Holzbläsertriolen, auch in der abfälligen Gestik der Melodielinien. Jago genießt seine Blasphemien, das Psalmodieren über dissonanten Tremoli. Seine zugleich erschreckende und groteske Anmaßung wird hörbar im massiven Unisono des Orchesterritornells, in den wie Ausrufezeichen gesetzten Glissandi und tuschartigen Akkorden. Noch in vielen anderen Rollen zeigt sich der Verstellungskünstler. Wenn in dem Augenblick, als er Otello vor der Eifersucht warnt, die Melodie sich schlangenhaft über chromatisch verschobenen Akkorden windet, macht die Musik durch solche Übertreibung die Verlogenheit deutlich, und nach Jagos pathetisch-warnendem Unisono mit den tiefen Instrumenten (*È un'idra*) verrät der moritatenhafte Abschluss mit den hohen Trillern den Schauspieler. Der stellt seine Kunst in der Traumerzählung noch einmal aus, indem er mit der wiegenden Melodie einer Siciliana in reinem C-Dur Zärtlichkeit imitiert.

Die andere Qualität des Librettos im Vergleich mit denen früherer Opern ist nicht nur an der Poesie der Sprache zu erkennen, sondern auch an der Mehrschichtigkeit des Bühnengeschehens. Wenn Jago im zweiten Akt Otellos Misstrauen weckt, ist im Hintergrund, gleichzeitig mit ihrem Dialog, ein Huldigungschor in E-Dur, der Tonart des Liebesduetts, zu hören, und die Erscheinung Desdemonas im Garten, umgeben von Blumen, die ihr die Inselbewohner bringen, dieser *Lichtstrahl inmitten all der Finsternis* (VB57), geradezu ein Andachtsbild, deutet die Möglichkeit einer Rettung an. Im dritten Akt, nachdem das Schiff mit den Gesandten aus Venedig gelandet ist, lässt die Erörterung des Mordplans zwischen Jago und Otello auf dem Hintergrund des von Salutsignalen begleiteten Viva-Chors auf Otello, den *Löwen von Venedig*, erkennen, wie tief sein Absturz ist und in welchem Maß ihm Wirklichkeit und Einbildung auseinander fallen.

Wenn die vier Akte auch weiterhin herkömmliche Nummern erkennen lassen: Trinklied (I), Huldigungschor, Soldatenlied, Traumerzählung, Schwur, Quartett (II), Concertato (III), Ballade und Preghiera (IV), so sind diese Formen nun übergangslos integriert und erhalten eine neue dramatische Funktion. Beispielhaft für Verdis Verfahren, die einzelnen Szenen dieser Oper nahtlos miteinander zu verbinden, ist der fließende Übergang vom Tumult der Trink- und Streitszene zum Liebesduett mit der allmählichen Beruhigung der Musik über einem Orgelpunkt, dem Einsatz des Solocellos und den Takten der vier sordinierten Celli, die mit zärtlichen Nonenvorhalten einen Raum der Stille für die folgende Begegnung schaffen. Entrückt beginnt Otello den Dialog, entrückt antwortet Desdemona, beide in fernen Tonarten, begleitet nur von sordinierten Streichern. Dass ihre Liebe gefährdet ist, zeigt sich von Beginn an. Sie erinnern einander an Vergangenes, wie es Abschiednehmende tun; ohne einander zu berühren, singen sie getrennt, und im des-Moll von Otellos Freudenausbruch, dessen Gipfelton auf *temo* (ich fürchte) liegt, schwingt Angst mit. Das eigentliche Liebesthema in der Tonart E-Dur, die in der Oper, abgesehen vom Schluss, nur noch zweimal vorkommt, bleibt sprachlos. In den Vorhalten, den Ausweitungen der Tonalität und einer Folge von Septakkorden findet das Verlangen nach Entgrenzung seinen Ausdruck, das auch die irreguläre Gliederung der Gesangsmelodien bestimmt. Im stehenden Klang der Harfen und hoher Tremoli, unerwartet in Des-Dur, abgehoben von jedem Bassfundament, bildet sich mit dem Glanz des Sternenhimmels die Unendlichkeit des erlebten Augenblicks ab.

Das Bild des Helden, des Siegers über die Naturgewalten, des ruhmreichen Feldherrn, den Desdemona mit den Worten *Mein herrlicher Krieger!* empfangen hat, wird nach und nach zerstört. Am Ende ist Otello nicht einmal mehr Herr über sich selbst. Nicht eigentlich Eifersucht mit ihren charakterlich und sozial bedingten Motivationen ist das Thema der Oper. Vorgeführt wird das seiner selbst unsichere, im Du Halt suchende Individuum in seiner Verführbarkeit, für die der Mohr Otello, der Aufsteiger und Außenseiter, besonders anfällig ist. Ein düster

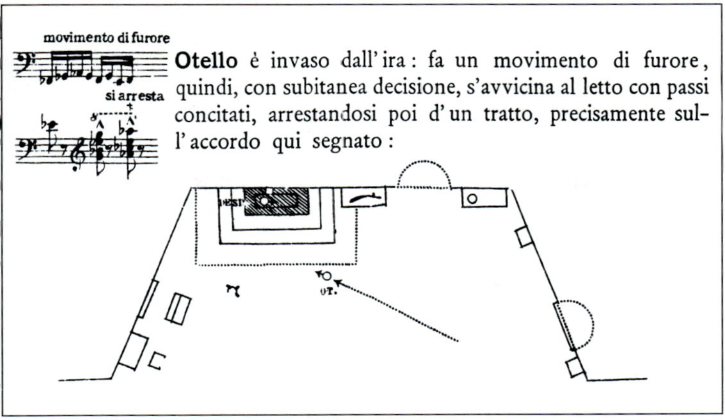

Otello è invaso dall'ira: fa un movimento di furore, quindi, con subitanea decisione, s'avvicina al letto con passi concitati, arrestandosi poi d'un tratto, precisamente sull'accordo qui segnato:

Zum Dokument einer nahezu modernen Opernchoreographie wurden die 270 Skizzen, mit denen Giulio Ricordi die «Otello»-Aufführung 1887 an der Scala protokolliert hat. Die gedruckte «Szenische Anweisung» sollte Vorbild sein für Inszenierungen auch an anderen Opernhäusern. Skizziert ist hier die Richtung, aus der Otello kommt, sogar der Tisch, auf dem der Degen zu deponieren ist (Mitte). Dem kreisenden Motiv der Kontrabässe soll eine zornige Bewegung Otellos entsprechen; beim ersten der beiden Tuttiakkorde soll er plötzlich stehen bleiben. (Giulio Ricordi: Disposizione scenica per l'opera Otello. Mailand 1887, S. 95)

verfremdeter Marsch, begleitet von fahlen Harfenakkorden, mit dem Otello Abschied nimmt von dem, was seinem Dasein bisher Sinn gab, dem Leben als Krieger, lässt erkennen, wie gebrochen sein Selbstverständnis ist. Aus dem Verlust des Vertrauens, der Angst, in einer Welt der Täuschung zu leben, entstehen die gewaltsamen und zugleich hilflosen Versuche, die Wahrheit zu erkennen. Ein Schwur Desdemonas soll Gewissheit schaffen: *Sag mir, wer du bist!* Beginn und Ende seines Dialogs mit Desdemona im dritten Akt, Begrüßung und Verabschiedung, sind wieder in E-Dur komponiert. In der Art, wie beide einander begegnen, liegen Anmut und distanzierte Förmlichkeit, Zärtlichkeit und Misstrauen nahe beieinander. Den schönen Schein der Musik, einer weichen Kantilene mit graziösen Melismen, zerstören dann Otellos Drohungen und seine furchtbare Anklage. Wenn aber die E-Dur-Melodie des Beginns am Ende noch einmal aufgenommen wird, ist das Dacapo umgedeutet. Otello singt nicht mehr *con eleganza*, sondern *mit der furchtbarsten ironischen Ruhe*. Was die Musik zu Beginn in der Schwebe hielt, ist jetzt Gewissheit. Mit harten Dissonanzen reißt sie ab, und die mühsam beherrschte Erregung bricht im Nachspiel durch, dessen chromatische Auf- und Abwärtsbewegungen die Ausweglosigkeit Otellos zeigen, der mit Desdemona sich selbst verloren hat.

Ein fremder Ton in den tiefen Kontrabässen, ein E nach dem As-Dur des soeben verklungenen *Ave Maria*, kündigt Otellos letzten Auftritt an. Skizzenhaft, mit wenigen Motiven wird sein innerer Zustand gezeichnet: die trostlose Trauer in der Melodie der Kontrabässe, später des Englischhorns, die unterdrückte Erregung in den immer wieder abbrechenden Staccatofiguren der Bratschen, die angstvolle Gewissheit des kommenden Unheils im wiederkehrenden tiefen Bläserton. Diese Motive bestimmen die gesamte Szene, ehe mit Desdemonas Angstschrei grelle Dissonanzen wie Schläge niedergehen, eine verstörende Klangwirkung, die den Sturm des Beginns in Erinnerung ruft. Die Oper schließt unversöhnlich. Wie Desdemona ohne Vision stirbt, so hoffnungslos endet Otello. Als er erst beim Anblick der Toten die Wahrheit erkennt, zitiert das Orchester ein letztes Mal das Liebesthema im ursprünglichen E-Dur: Der nun unverstellte Blick erfasst das unwiderruflich Verlorene.

Auf meinem Schreibtisch war er ein Trost, jetzt ist er eine Hölle!, klagte Verdi seinem Verleger, als er von den mangelhaften *Otello*-Inszenierungen an anderen Häusern hörte. (A4,337) Selbst nach Erfolgen in Wien unter Hans Richters Leitung und in London blieb die Erbitterung über die schlechten Aufführungen, die all den Kritikern Recht zu geben schienen, die nicht aufhörten zu *schreien, dass das musikalische Drama, das wahre Drama, das erhabene Drama […] in Deutschland und Frankreich zu suchen* sei, wie Verdi noch 1892 an Ricordi schrieb. (A4,434) Zur Aufführung an der Pariser Opéra war wie üblich ein Ballett notwendig, für Verdi eine *künstlerische Monstrosität* (A4,329). Er war nahe daran, irgendeinen anderen Komponisten mit der Arbeit zu beauftragen, ehe er es dann selber schrieb, aber er verlangte, dass es nicht im Druck erschien.

Boito bemerkte, wie Verdi das Komponieren vermisste. Selbst einen in der Mailänder «Gazetta Musicale» ausgeschriebenen Wettbewerb, eine «scala enigmatica», eine rätselhafte Tonleiter, zu harmonisieren, nahm der fast Fünfundsiebzigjährige zum Anlass, ein *Ave Maria* über diesen Cantus firmus zu schreiben.[70] «Die Ave Marias genügen Ihnen nicht, Sie brauchen etwas anderes», stellte Boito fest. «Es gibt nur einen Weg, besser als mit dem *Otello* zu enden, und das ist der, siegreich mit dem *Falstaff* zu enden.» (VB146) Der Plan zu dieser neuen Oper war während eines Gesprächs der beiden im Mai 1889 entstanden. Die Quellen, die Boito heranzog, Shakespeares «Lustige Weiber von Windsor», die beiden Teile von «Heinrich IV.» sowie «Heinrich V.» kannte Verdi aus eigener Lektüre, auch in Goldonis Stücken hatte er wieder gelesen. Schon früher hatte er über ein komisches Opernsujet nachgedacht, gereizt durch die Bemerkung Rossinis aus dem Jahre 1879, Verdi sei ein ausgesprochen tragischer Komponist, der niemals eine komische Oper schreiben werde. Er hatte große Lust, den *Falstaff* zu komponieren, dabei mehr Skrupel als je: *Und wenn ich der Schwäche nicht Herr würde?! – Wenn ich mit der Musik nicht zu Ende käme?* Aber der Entschluss war gefasst. *Welche Freude, zum Publikum sagen zu können: «Wir sind noch da!! Bahn frei für uns!!»* (C711) *Falstaff* bedeutete ein noch größeres Wagnis als *Otello*, denn diese *commedia lirica* mit individuellen Charakteren statt der Buffa-Typen, in durchgehendem Konversationsstil ohne geschlossene Nummern, im Unterschied zur Situationskomik der Opera buffa mit nachdenklichen, ja melancholischen Zügen steht außerhalb jeder Tradition.[71] Fast anderthalb Jahre wurde das Projekt geheim gehalten, weil Verdi Angst vor irgendeiner Verpflichtung hatte. Während eines Abendessens im November 1890 in Mailand brachte Boito zur Verblüffung der von Verdi eingeladenen Gäste einen sonderbaren Toast aus, er trank «auf die Gesundheit und die Erfolge des Dickwanstes» (I223). Am Tag darauf stand die Nachricht

Verdi in seinem Garten

von einer neuen Oper in den Mailänder Zeitungen. Dass Boito wegen des *Falstaff* seine eigene Oper «Nerone» liegen ließ, belastete Verdi. Immer wieder drängte er Boito, weiter an «Nerone» zu schreiben. Doch brach er selbst die Arbeit zuweilen ab, 1891 blieb das Manuskript monatelang unberührt. Das lag nicht nur an den ewigen Beschwerden, die er über das Villanova-Hospital zu hören bekam: über zu wenig Personal, den sich ständig einmischenden Priester und einmal auch über schlechte Verpflegung, was Verdi besonders traf, der geduldig die Briefe beantwortete und sich um alles kümmerte. *Ich bin etwas durcheinander und zerstreut … die sehr traurigen vergangenen Monate, die jetzige Kälte, die Feste usw. usw. haben mich aus dem Gleichgewicht gebracht*, schrieb er Anfang 1891 an Boito. (VB179) Sein langjähriger Freund Piroli war im November 1890 gestorben, zwei Wochen später starb Muzio, der schon im Jahr zuvor nach einer Lebererkrankung erschreckend verändert schien. Muzios Testament zeigte immer noch die alte Anhänglichkeit an seinen «Maestro». Die Sorgen um Giuseppina, der es zusehends schlechter ging, verstärkten Verdis Kummer. Sie litt unter Arthritis und konnte wegen der Schmerzen in den Gelenken manchmal kaum laufen. Deprimiert waren beide über das Unglück, das Faccio getroffen hatte. Seit längerem ließen sich bei ihm durch eine Syphilis ausgelöste Symptome einer Hirnschädigung erkennen. Als ihm die Entlassung von der Scala drohte, verschaffte Verdi ihm die gerade vakante Stelle des Konservatoriumdirektors in Parma, die der Kranke indes gar

Emanuele Muzio. Porträt von Giovanni Boldini. – Verdis einziger Schüler wurde erst im Ausland ein bekannter Dirigent, der das Orchester mit energischen Bewegungen leitete und ein kräftiges Forte liebte. Er habe ein «sehr gutes Herz, aber nicht genug Kopf, die Welt und sich selbst zu verstehen», hatte Verdi 1848 an Clara Maffei geschrieben. (Busch: Briefwechsel Verdi-Boito, S. 591) Auch in den späteren Jahren, als Muzio in London, New York und Paris Erfolge hatte, sorgte Verdi sich noch immer um ihn wie ein älterer Bruder.

nicht antreten konnte. Selbstlos vertrat Boito den Freund, gab sein Gehalt an ihn weiter, kümmerte sich um Ärzte und Kuren, bis die Einweisung in eine Heilanstalt unumgänglich wurde, wo Faccio im Sommer 1891 starb. *Alles geht zu Ende!!* Dieser Gedanke wurde zuweilen übermächtig, sodass nicht einmal die Arbeit davon abzulenken vermochte. *Ich schreibe planlos, ziellos, einzig und allein, um ein paar Stunden am Tag herumzubringen,* berichtete er Maria Waldmann. (C528) Im Winter 1891/92 waren Verdi und seine Frau an einer schweren Grippe erkrankt, Verdi konnte vor Schwäche lange nicht arbeiten. *Ich werde Hiob wieder lesen,* stand in einem seiner Briefe. (C505) Zu Hause wurde Krankheit das beherrschende Thema. Giuseppina Verdi, die ständig unter Schmerzen litt, hatte sich ein medizinisches Lexikon aus Mailand besorgt. Auch ihre Schwester Barberina, die oft bei ihnen war, kränkelte immerfort. Im April ließ sich Verdi überreden, zur Feier von Rossinis 100. Geburtstag das Gebet aus «Moses in Ägypten» an der Scala zu dirigieren. *Werde ich abschließen, was mir zu tun bleibt? ... In diesem Augenblick fühle ich mich so müde, so lustlos,* schrieb er im Mai 1892 an Boito, als der sich schon mit den Kostümentwürfen befasste. (VB207) Aber dann begann er plötzlich wieder intensiv zu arbeiten, sodass Ende September 1892 die Partitur doch fertig wurde.

Was Falstaff zum Opernhelden macht, diesen unzeitgemäßen, heruntergekommenen Ritter, der seine besten Jahre längst hinter sich hat, diesen *pancione,* den Schlemmer und selbstverliebten Parasiten, das zeigt sich in der Konfrontation mit den Bürgern von Windsor, denen er immerfort zusetzt, die er so reizt, dass sie Jagd auf ihn machen, denen er aber zur Selbsterkenntnis verhilft, indem er sie inspiriert zum Spiel, zur Poesie. Am Ende ist er der Überlegene: *Ich bin es, der euch gewitzt macht* – das ist *ruhig, leicht, dolce* zu singen. Gleich der elektrisierende Fortissimo-Akkord seines ersten Themas, das in Varianten die Oper durchzieht und mit dem sie beginnt, wirbelt die Ordnung durcheinander. Er ist in immer neuen Tonarten gegen das Metrum gesetzt, begleitet von federnden Auf- und Abschwüngen. Das zweite Thema dagegen stellt den feinen

Spötter in noch immer jugendlicher Grazie dar, die ihren eigenen Ausdruck im Lied über seine Pagenzeit findet (*Quand' ero paggio*). Selbst seinen Betrügereien fehlt es nicht an Anmut. Wenn man schon stehlen müsse in dieser ungastlichen Welt, so schärft er seinen Dienern ein, dann mit *Eleganz*. Der ungeheure Bauch ist Metapher für seinen Hunger auf das Leben, dessen höchstes Vergnügen, die erotische Lust, in dieser Oper keine moralische oder religiöse Legitimierung braucht. Da das Bewusstsein der Vergänglichkeit, die Angst abzumagern die Lust noch verstärkt, macht er gleich zwei Schönheiten aus Windsor Anträge. Und die Liebe beflügelt seine Fantasie, wenn er Alice auf verschnörkelt altmodische Weise den Hof macht, wenn er mit dem Bild einer zukünftigen Lady Falstaff prahlt, was die hohlen Oktavparallelen der Fagotte karikieren, wenn er eine Theaterszene vorspielt und in komischem Falsett die Begehrte nachahmt. In der Moralpredigt, die Falstaff seinen Dienern am Beispiel der *Ehre* hält, rechnet er mit den zu Worthülsen gewordenen bürgerlichen Moralbegriffen ab, indem er immer wieder sein trockenes *No* gegen ihr falsches Pathos setzt. Die höhnischen Mehrfachtriller der Bläser erinnern an Jagos *Credo*, Falstaffs Maxime indes ist ein schlichter Marsch: *Va, vecchio John*, ein Ja zum Leben im Einverständnis mit sich selbst; den instrumentalen Vorschlägen ist die Freude am Genießen anzuhören. Selbst als Falstaff, halb tot, durchnässt und gedemütigt, über die immer schlechter werdende Welt klagt, setzt sich seine Maxime wieder durch, wenn auch als Trauermarsch. Mit einem Fluch (*Mondo ladro*) beginnt dieser Monolog, und auch die dreimal von den tiefen Bläsern intonierte absteigende Figur erinnert an die Fluchmotive früherer Opern, aber die große Geste wird ins piano und pianissimo zurückgenommen. Kleinlaut, deprimiert über das eigene Altern, endet Falstaff. Der Wein ist es dann, der ihn neu belebt. Wie er alles in Schwingung zu setzen vermag, macht das Orchester hörbar, indem zuerst die Flöten, dann immer mehr Instrumente, schließlich sogar die Posaunen zu trillern beginnen in vielfältigen harmonischen Farben, sodass sich in dieser musikalischen Allegorie auf den schöpferischen Geist die ganze Welt in einen einzigen Triller zu verwandeln scheint. Doch mit dem verhassten *Reverenza*-Getue der Mrs. Quickly folgt sogleich die Ernüchterung.

Wie die Bürger Jagd auf Falstaff machen, zuerst in Fords Haus, dann um Mitternacht im Park, wo sie ihn hetzen wie ein Tier und geradezu in eine Pogromstimmung geraten[72], erhält das Bild liebenswerter Kleinstädter Brüche, lässt sich mit der kollektiven Aggressivität und hämischen Schadenfreude nicht mehr vereinbaren. Nur das junge Liebespaar bildet eine Ausnahme. Die seltenen Augenblicke, in denen Nannetta und Fenton allein sind, wirken wie filmische Einblendungen, herausgehoben durch Tonart-, Tempo- und Taktwechsel, ein weiches Legato der Streicher und Holzbläser und den lyrischen Ton der Sänger, deren Stimmen, einander ablösend, einen einzigen Melodiebogen bilden. Doch diese Augenblicke sind nur eine flüchtige Reminiszenz an das traditionelle Liebesduett. Und wie es die Liebe selbst ist, die besungen wird, das *schöne Spiel*, das immer neu beginnt, fügt sich auch das wiederkehrende Zitat aus Boccaccios «Decamerone» in den Gesang (*Bocca baciata*) und verstärkt den Eindruck der Zeitlosigkeit.

Dr. Cajus und Ford, unzufriedene, nervöse, unsichere Figuren, klammern sich an ihr *Hab und Gut*, wofür ihnen *Ehre, Haus* und *Bett* stehen, die es *vor fremdem Appetit zu retten* gilt. In der Maske des großzügigen Fontana aber vermag Ford sich regelrecht zu befreien, er verfällt, als er die eigene Frau besingt, in schmelzendes Pathos[73], und angesteckt von Falstaffs Verliebtheit, trällert er mit dem Rivalen gemeinsam *L'amor, l'amor*. Auch die Art, wie Alice den blumigen Schluss von Falstaffs Brief zitiert, *dolcissimo* und mit schwärmerischen Nonenvorhalten, verrät trotz ihres karikierenden Schlusstrillers und des anschließenden Gelächters eine uneingestandene Sehnsucht.

Nach dem Ende der Jagd findet die allgemeine Versöhnung ihren Ausdruck in einer Schlussfuge, welche die vielen Stimmen unter ihrem Gesetz vereint. Falstaff ist es, der das Thema vorgibt und die anderen noch eine Weile von ihrem Festessen abhält, um das Geschehene zu reflektieren. In der vorletzten Durchführung ist er es wiederum, der die Themenumkehrung ‹erfindet›, bevor die Fugenstimmen von vielstimmigem Lachen überlagert werden und in einem Septakkord zum Stillstand kommen. Nach der kleinlauten Erkenntnis *Tutti gabbati (Wir alle sind Betrogene)* endet die Fuge homophon im allgemeinen Gelächter. Dieser konzertante Schluss, in dem die Sänger aus ihren Rollen treten, betont das Spiel im Spiel, das von den Figuren selbst inszenierte Theater, und er ist eine Hommage an Mozart, dessen «Don Giovanni» mit einer Fugenexposition endet. Eine andere Anspielung auf jene Oper ist das Menuett der Maskierten im dritten Akt, und das nächtliche Maskentreiben erinnert an den Schluss von «Figaros Hoch-

Der Part der Frauen zu Beginn des zweiten Bildes im «Falstaff» ist bezeichnend für die Behandlung der Stimmen im Ensemble, ihre mosaikartigen Fragmente bilden, ähnlich der ‹durchbrochenen Arbeit› im Orchestersatz, eine einzige Melodie.

zeit», die als Ensemble-Oper Vorbild des *Falstaff* ist. Mit dem durchgehenden Parlando der einander ständig ablösenden Stimmen, das den Nuancen der Sprache folgt, und mit der kammermusikalischen Behandlung des Orchesters löst sich Verdi endgültig von der traditionellen italienischen Oper. Einen *überaus leichten* Orchestersatz (A4,519) stellte er gegen die Tendenz seiner Zeit zum Monumentalen und zum vergrößerten Orchester, über das er sich gelegentlich sarkastisch ausließ. Die innovative Wirkung der Partitur zeigen Puccinis «Gianni Schicchi», Wolf-Ferraris «Vier Grobiane», Busonis «Brautwahl» und der «Rosenkavalier» von Richard Strauss. Nicht nur der lobte den *Falstaff* überschwänglich, auch Ferruccio Busoni schrieb, *Falstaff* habe in ihm «eine derartige Revolution des Geistes und der Gefühle» bewirkt, dass er «von da an mit vollem Recht eine Epoche» seines «künstlerischen Lebens datieren» könne.[74]

Mit *Falstaff* nimmt Verdi Abschied von der Bühne. Dabei blickt er, oft aus ironischer Distanz, auf eigene Werke zurück: auf den *Maskenball*, wenn Alice in den Ton Oscars fällt (II,2); das *Immenso Falstaff* der Diener ruft das *Immenso Fthà* der Priesterin aus *Aida* in Erinnerung, auch noch die fallende Quint des/ges aus dem Priesterchor wird zitiert, selbst auf die Gerichtsszene gibt es eine Anspielung mit der dreimaligen, jeweils einen halben Ton höher gesungenen Aufforderung der als Mönche verkleideten Bürger: *Risponde*, doch ist die Szene ins Komische gewendet, weil Falstaff zu seinem Glück Bardolfo an dessen roter Nase erkennt. Eine Reminiszenz an den Monolog König Philipps aus dem *Don Carlos* ist Fords Monolog *È sogno.*[75] Vor allem zu *Otello* gibt es vielfältige Bezüge, nicht nur mit dem Eifersuchts- und dem Kussmotiv. Der Auftritt des gehörnten Falstaff beim ersten Mitternachtsschlag beginnt ebenso wie der letzte Auftritt Otellos mit einem «schrecklichen Ton», einer «note imprévue», zudem ist eine Art Krebsform des Otello-Motivs zu hören. Selbst eines der zentralen Themen Verdis, die Ohnmacht der Väter und das Versagen der Autorität, kehrt in einer komischen Variante wieder. Über diese Reminiszenzen hinaus wird die traditionelle italienische Oper als Gattung reflektiert und verabschiedet. Das geschieht einmal mit parodistischen Zitaten einzelner Formen und Operntopoi, etwa der ‹Rachearie› in Falstaffs Monolog, wenn er über die Nichtigkeit des Ehrbegriffs nachdenkt; die ‹Schwurszene› mit ihren feierlichen Posaunenklängen wird mit dem komischen Eid des Dr. Cajus zitiert, den das *Amen* der Diener beschließt, ein ‹falscher› Kanon im Sekundabstand mit höhnischen Dissonanzen auf der betonten Taktzeit. Auch der fromme Frauenchor kommt vor mit dem scheinheiligen *Domine, fallo casto*, das die Melodie des *Hostias* aus dem *Requiem* aufnimmt, Falstaff parodiert es mit seinem frechen Nachsatz *salvagli l'addomine (erhalt ihm den Bauch).* Zum andern aber ist *Falstaff* auch eine Huldigung an die Oper der Vergangenheit. Mit Fentons *Dal labbro il canto* kehrt noch einmal, wie eine kostbare Erinnerung, die Arie wieder. Aber das zugrunde liegende Sonett ist nicht mehr im Ich-Ton gehalten, es besingt die Liebe an sich als seligen Zustand in der Welt, als *geheimnisvollen Zweiklang*, den Fentons Stimme mit der des Englischhorns, am Ende mit der von fern herüberklingenden Stimme Nannettas bildet. So entsteht das Gegenbild zur Darstellung der Liebe in allen anderen Opern Verdis, zur Liebe als Passion, die eine visionäre Erfüllung erst in Todesnähe fand. Doch der Zustand einer vollkommenen Harmonie hält mit dem Gipfelton b^2 über Harfenklängen in Des-Dur, die bisher im *Falstaff* ausgespart blieben, nur einen kurzen Moment an, dann brechen die lautstark herandrängenden maskierten Bürger den Zwiegesang abrupt ab, eine Desillusionierung, die den Zitatcharakter dieser Arie betont. Dass im Hinrichtungsritual des Finales eine Anspielung auf das Schicksal der Oper im öffentlichen Kulturbetrieb zu erkennen ist, deutet an, auf welche Weise Autobiographisches in diese letzte Oper eingegangen ist. Trotz seiner Scheu vor privaten Bekenntnissen legte Verdi eine Art Abschiedsbrief in die Kopie des Manuskripts: *Alles ist vorbei! Geh, geh alter John … Zieh hin auf deinem Weg, solange du kannst […] Addio!!!*[76]

Dass Maurel, der die Titelrolle verkörpern sollte, schon eigenmächtig über weitere Aufführungen verhandelte, als gehöre die Oper ihm, dass er überdies eine maßlos hohe Gage und ein Probenhonorar forderte, veranlasste Verdi beinahe, den *Falstaff* zurückzuziehen. Die Uraufführung am 9. Februar 1893 an der Scala dirigierte Mascheroni, Faccios Nachfolger, vor einem erlesenen Publikum, auch Puccini und Mascagni waren unter den Zuhörern. Der halbstündige Applaus, der vor allem dem *ehrwürdigen Greis aus Sant' Agata* galt (C713), täuschte Verdi nicht, der wohl ahnte, dass *Falstaff* nie wirklich populär werden würde. Den Erfolg an der Scala übertraf eine Aufführung in Rom, zu der auch König Umberto I. erschien. Mit dem Beifall, den Verdi in der königlichen Loge entgegennahm, und mit der Ernennung zum Ehrenbürger von Rom war der äußere Höhepunkt seiner über fünfzigjährigen Karriere erreicht.

Seit er von Rom zurück war, spürte er eine tiefe Erschöpfung. Der nun immer gegenwärtige Gedanke, dass alles zu En-

Verdi mit Victor Maurel, dem gefeierten Sänger des Jago und des Falstaff. Fotografie, 1894. – Als Maurel in Paris eigenmächtig Kürzungen in seiner «Falstaff»-Partie vornahm, als sei eine Oper bloß eine «Etüde» für Sänger, geriet Verdi in Wut: «Und dann spricht man von Kunst ... von großer Kunst!! Was für ein Witz!!» (A4,544)

de gehe, lähmte ihn, obwohl er es nicht aushielt ohne Arbeit, die es ja noch reichlich gab. Boito nahm ihm viele Probleme ab. Sie duzten sich auch nach dreißig Jahren noch nicht, wie nahe sie sich dennoch standen, geht aus der behutsamen Anteilnahme Verdis an Boitos Trauer über die Trennung von Eleonora Duse nach einer langjährigen Beziehung hervor. Und als Boito sich einmal wegen einer Beleidigung in Neapel duellieren wollte, wartete Verdi ängstlich auf Nachrichten, lief in Genua mehrmals zum Bahnhof und war glücklich, Boito dort wirklich wiederzusehen, nachdem das Duell gar nicht stattgefunden hatte.

Arrigo Boito und Giuseppe Verdi im Garten des Verlagshauses Ricordi. Fotografie aus den achtziger Jahren. – Giuseppina Verdi berichtet über Boitos Loyalität, über seine Treue in einmal geschlossenen Freundschaften. Wenn er jemanden bewunderte, dann, so hatte sie beobachtet, war er zu «grenzenloser Begeisterung fähig». (A4,113)

Der achtzigjährige Verdi wagte, gemeinsam mit seiner Frau, noch zwei Reisen nach Paris zu Aufführungen des *Falstaff* an der Opéra-Comique und des *Otello* an der Opéra. Nicht nur die Fahrt war strapaziös – allerdings gab es jetzt Schlafwagen –, auch die ständige Belagerung durch die Journalisten kostete Kraft. Das Ehepaar erhielt eine Einladung in den Élysée-Palast, und Verdi wurde mit dem Großkreuz der Ehrenlegion ausgezeichnet.

Schon länger plante er, in Mailand ein Altersheim für mittellose Musiker bauen zu lassen, eine Casa di riposo. Unter der Leitung des Architekten Camillo Boito, des Bruders von Arrigo Boito, wurde der Bau 1895 begonnen, und Verdi, nun schon über achtzig, beobachtete regelmäßig die Fortschritte auf der Baustelle, mit seinem großen Schirm sich gegen die Sonne schützend. Zeitweilig komponierte er noch: drei Chöre, in denen er sehr Altes – Gregorianik, Palestrinastil – und avancierte Kompositionsmittel verband. Mit dem *Ave Maria* über die enigmatische Tonleiter wurden sie zu den *Quattro pezzi sacri* zusammengefasst. Bevor Arturo Toscanini sie 1898 während der Weltausstellung in Turin dirigierte, ließ er sich eingehend von Verdi beraten. Viele junge Komponisten suchten Verdi auf, Massenet, Mascagni, Leoncavallo, Wolf-Ferrari, Giordano, doch seine Skepsis gegenüber der zeitgenössischen Musik nahm zu, er beklagte die Vorliebe der *Futuristen* für Dissonanzen und endlose Modulationen und ihren Mangel an *Natürlichkeit.* (VB 224 f.) Er war überzeugt, dass die Komponisten seines Landes sich als *Nachfahren Palestrinas* zu verstehen hätten. (C 702)

Im Januar 1897 erlitt Verdi einen Schlag-

Uraufführungen von Opern des Verismo

- 1889 Edgar (Giacomo Puccini); Gina (Francesco Cilea)
- 1890 Cavalleria rusticana (Pietro Mascagni)
- 1891 L'amico Fritz (Pietro Mascagni)
- 1892 Bajazzo (Ruggero Leoncavallo); Mala vita (Umberto Giordano); La Wally (Alfredo Catalani)
- 1893 Manon Lescaut (Giacomo Puccini)
- 1896 La Bohème (Giacomo Puccini); Andrea Chénier (Umberto Giordano)
- 1898 Fedora (Umberto Giordano)
- 1900 Tosca (Giacomo Puccini)
- 1901 Le maschere (Pietro Mascagni)

Im Garten der Villa Sant' Agata. – Sitzend von links: Filomena Carrara, Barberina Strepponi, Giuditta Ricordi.
Teresa Stolz steht links, Giulio Ricordi ist der Zweite von rechts.

anfall, danach konnte er eine Zeit lang nicht sprechen. Doch niemand sollte etwas erfahren, an Ricordi schrieb er nur, es gehe ihm *nicht gut* (A4,604). Ein paar Wochen später indes fuhr er schon wieder nach Mailand, um mit Sängern zu proben. Er schien unverändert und hielt sich «aufrecht» wie ein «Soldat». (I284)

Giuseppina Verdi ging es den ganzen Sommer über so schlecht, dass sie nur wenige Stunden aufstehen konnte. Sie litt an ständiger Übelkeit, vertrug kein Essen und sprach kaum mehr. Dann bekam sie eine Lungenentzündung. Sie starb am 14. November 1897, zwei Tage darauf, frühmorgens, folgte Verdi ihrem Sarg zu Fuß auf dem langen Weg nach Villanova.

Weil das Leben in Sant' Agata nun trostlos war, wohnte er immer länger im Hotel Milan, fuhr indes bis zuletzt noch regelmäßig auf sein Landgut. Obwohl er schlecht schlief, stand er früh auf, unternahm morgendliche Kutschfahrten, inspizierte die Bauarbeiten an der Casa di riposo, die erst Ende 1899 abgeschlossen waren, abends spielte er gern noch Karten und ging dann spät zu Bett, damit die Nacht nicht so lang wurde.

Von meinem Fenster aus sehe ich jeden Tag ein Schiff, manchmal zwei, jedes beladen mit mindestens 1000 Emigranten! Elend und Hunger! Ich sehe, wie aus ehemaligen Grundbesitzern, die sie vor einigen Jahren noch waren, jetzt Bauern, Tagelöhner und Auswanderer geworden sind (Elend und Hunger).

Verdi am 10. 2. 1889 aus Genua an Piroli (A4,360)

Bekümmert zeigte er sich über die finanzielle Notlage der Theater, vor allem über die wachsende Armut in seinem Land. 1894 hatte er noch das *Pietà, Signor* für die Erdbebenopfer in Sizilien komponiert. Im Winter 1897 schoss das Militär auf Streikende, es gab viele Tote und Verwundete.

Vergeblich versuchte Boito manchmal noch, Verdi zum Komponieren zu ermuntern. Auch seine Memoiren werde er *niemals, niemals* schreiben, mit seiner *Prosa* werde er die Musikwelt verschonen, antwortete er auf die Anfrage eines Verlags. (C403) Er war zu schwach, um in Paris die Uraufführung seiner *Pezzi sacri* zu hören, ohnehin kenne er ja dort niemanden mehr, sagte er. *Ich bin nicht krank, und mir geht es auch nicht gut; die Beine tragen nicht mehr, die Augen sehen nicht mehr, der Geist lässt nach, und so ist das Leben äußerst hart! Ach, wenn ich doch arbeiten könnte!* klagte er im Frühjahr 1900. (O106) Aber er habe sich ja immer beklagt, seit er auf der Welt sei, gestand er Ricordi in einem seiner letzten Briefe. (A4,651) Filomena und ihre Familie, das Ehepaar Ricordi mit den Kindern, Boito, die De Amicis und Teresa Stolz waren oft bei ihm, ihr Besuch war jedes Mal Anlass zu einem kleinen Freudenausbruch. Teresa Stolz zeigte bis zuletzt ihre Anhänglichkeit, und Verdi war glücklich, wenn sie kam. *Bewahren Sie mir Ihre Liebe, und glauben Sie an die meine, die groß, sehr groß und aufrichtig ist,* schrieb er ihr noch ein halbes Jahr vor seinem Tod. (A4,657)

Im Mai 1900 machte er sein Testament. Viele karitative Einrichtungen bedachte er: Asylheime, Krankenhäuser, Anstalten für Taubstumme und Blinde in Genua, die Armen in Sant' Agata, die Stiftungen «Monte di Pietà» und «Casa di riposo». Er bestimmte, dass die Erben nichts am Haus und am Garten in Sant' Agata verändern durften. Bei Tagesanbruch oder

Der Sarg Verdis auf dem Weg zur Gruft in der Casa di riposo in Mailand

abends beim Ave-Läuten sollten sie ihn neben Giuseppina begraben, *ohne Gesang und Musik* (A4,656). Anfang Dezember verließ er Sant' Agata für immer. Weihnachten, das Fest, das er am meisten liebte, weil es ihn «an die frommen Wunder der Kindheit» erinnerte, feierte er noch in Mailand mit den Freunden.[77] Dann erlitt er am 21. Januar in seinem Hotelzimmer einen Schlaganfall. Am 27. Januar 1901, gegen drei Uhr in der Nacht, starb er. Am Morgen des 30. Januar wurde er auf dem Mailänder Friedhof neben seiner Frau begraben. Als die beiden Särge dann am 27. Februar in die Kapelle der Casa di riposo überführt wurden, wie er es im Testament bestimmt hatte, nahmen über 300 000 Menschen Abschied von Giuseppe Verdi, während unter Toscaninis Leitung noch einmal der Chor erklang, der zur vaterländischen Hymne geworden war: *Va, pensiero, sull'ali dorate* – Flieg, Gedanke, auf goldenen Flügeln.

ANMERKUNGEN

1 Die Osteria vecchia, zugleich Verdis Geburtshaus, ist nicht das Gebäude, das als Verdis angebliches Geburtshaus bisher in den Biographien abgebildet wurde, das aber Verdis Eltern erst 1830 bezogen (PM37).
2 Adolfo Rossi: Roncole Verdi, guida storica. Florenz 1969, S. 57f. (W141).
3 Pietro Michiara (PM22).
4 Im Alter hat Verdi fast alle frühen Werke vernichten lassen.
5 In jenes Haus, das bisher als Verdis Geburtshaus galt.
6 Dem Neffen des Schulleiters in Busseto.
7 Auf Alfieris Drama «Saul» ging schon die Kantate *Sauls Delirien* zurück, die Verdi mit fünfzehn Jahren komponiert hatte.
8 1838 wurden sechs Romanzen gedruckt, darunter Vertonungen aus Goethes Faust I («Meine Ruh' ist hin» und «Ach neige, / Du Schmerzensreiche») in der Übersetzung von Luigi Balestra.
9 Der Titel des Librettos von Antonio Piazza hieß «Lord Hamilton», die Oper war wahrscheinlich eine frühe Form der Oper «Rocester» oder «Rochester», die wiederum mit *Oberto* ganz oder teilweise identisch zu sein scheint. Siehe Julian Budden: The Operas of Verdi. Bd. 1. London 1973, S. 43ff.
10 1818 schon einmal von Adalbert Gyrowetz erfolglos vertont unter dem Titel «Il finto Stanislao».
11 Der Titel für die Aufführungen in Venedig und Neapel, *Il finto Stanislao* (Der falsche Stanislaus), ist zutreffender.
12 Am 19. 10. 1879 in Sant' Agata an Giulio Ricordi (O57–67).
13 Otto Nicolais Tagebücher. Hg. v. Wilhelm Altmann. Regensburg 1928, S. 211.
14 Dem Psalm 137 nachgedichtet: «An den Wassern zu Babel saßen wir und weinten.»
15 Seit 1844 erscheint der ursprüngliche Titel «Nabucodonosor» in der gekürzten Form *Nabucco.* Soleras Libretto fußte auf der Vorlage von Auguste Anicet-Bourgeois und dem Alten Testament (2. Könige 24,25; 2. Chronik 36; Jeremia 50,51).
16 Was freilich die falsche Übersetzung «Befiehl, wir folgen dir» verstellt.
17 Allein an der Scala wurde *Nabucco* in den acht Jahren bis 1850 hundertmal aufgeführt.
18 Die Namen wechselten mit dem jeweiligen Besitzer, zeitweilig hieß das Haus Palazzo Dordoni, heute ist es als Palazzo Orlandi in der Hauptstraße von Busseto zu besichtigen.
19 In *Attila, Alzira, I masnadieri* und *Giovanna d'Arco.*
20 *Ernani, Foscari, Giovanna d'Arco, Luisa Miller.*
21 Auch an kleinen Bühnen beherrschten Uraufführungen den Spielplan.
22 Franz Wallner-Basté: Verdi aus der Nähe. Zürich 1919, S. 79.
23 Die deutsche Erstaufführung fand im April 1998 in Passau statt.
24 Er wurde erst nach ihrem Begräbnis gefunden.
25 Siehe hierzu Leo Karl Gerhartz: Die Auseinandersetzungen des jungen Verdi mit dem literarischen Drama. Ein Beitrag zur szenischen Strukturbestimmung der Oper. Berlin 1968, S. 100ff.
26 Victor Hugo: La Préface de Cromwell. Œuvres complètes, Bd. 10. Hg. von Jean-Pierre Reynaud. Paris 1985, S. 26, 18, 26.
27 Nach dem Schauspiel von Joseph Méry «La bataille de Toulouse».
28 Frank Walker: The Man Verdi. London 1962, S. 198.
29 Ursula Günther: Giuseppe Verdis erster Erfolg in Paris. In: Lendemains 31/32. Köln 1983, S. 57.
30 «Le Pasteur ou L'Évangile et le

foyer» von Eugène Bourgeois und Emile Souvestre, Paris 1848.

31 Es handelt sich um eine «melodia spezzata», eine durch Pausen ständig unterbrochene melodische Linie.

32 Fast die gleiche melodische Phrase verwendet Verdi im *Troubadour* I,2, als sich Leonora an *das flüchtige Bild eines goldenen Traums* erinnert.

33 Bollettino dell'Istituto di studi verdiani I,3. Parma 1960, S. 1765.

34 Hugo: La préface, S. 18.

35 Attribute aus Verdis Brief an Cammarano vom 4. 4. 1851 (A2,122).

36 Hugo: La préface, S. 19.

37 «Das Kunstwerk der Zukunft» (1850) und «Oper und Drama» (1851).

38 Mit einer ähnlich wiegenden Melodie träumt Azucena im *Troubadour* am Ende von einem glücklichen Leben (*Ai nostri monti*).

39 Ulrich Schreiber: Opernführer für Fortgeschrittene. Das 19. Jahrhundert. Kassel, Basel 1991, S. 407.

40 Heinz und Gudrun Becker (Hg.): Giacomo Meyerbeer: Briefwechsel und Tagebücher. Bd. 2. Berlin 1970, S. 465.

41 Bei dem Neapolitaner De Sanctis erkundigte er sich eigens nach sizilianischen Volkstänzen.

42 «Gustave III, ou Le bal masqué», 1833 uraufgeführt.

43 Nach «Gustavo III di Svezia» «Una vendetta in Domino».

44 Melitones komische Predigt im 3. Akt enthält wörtliche Übernahmen aus der des Kapuziners in «Wallensteins Lager» von Schiller.

45 Nach Forschungsarbeiten von Ursula Günther, David Rosen, Andrew Porter und Luciano Petazzoni konnten 1976 alle Fassungen ediert werden.

46 Charles Baudelaire: Spleen et Idéal. In: Les fleurs du mal (1857).

47 Überdies ähnelt die dumpfe Melodie in leeren Oktaven, die den Dialog zwischen Philipp und dem Großinquisitor begleitet, auffallend dem Streicherthema während Rigolettos erster Begegnung mit Sparafucile, wenngleich der Ausdruck der Unentrinnbarkeit im *Don Carlos* durch die extrem tiefe Lage, durch die Molltonart und den düsteren Klang des Kontrafagotts lähmender und bedrohlicher geworden ist.

48 Fünf Jahre zuvor war Giuseppinas Sohn Camillo gestorben. Darüber findet sich keine Bemerkung in ihren Briefen oder Tagebüchern.

49 Das Requiem für Rossini wurde 1988 in Stuttgart uraufgeführt. Nach dem Vorbild dieses Pasticcios regte Helmuth Rilling das «Requiem der Versöhnung» an, eine Gemeinschaftskomposition, an der unter anderen Berio, Kurtág, Penderecki, Rihm und Schnittke mitarbeiteten und die 1995 in Stuttgart aufgeführt wurde.

50 Phillips-Matz hält es für möglich, dass Temistocle Solera, zu jener Zeit Regierungsangestellter in Kairo, das Szenario verfasst hat. (PM570)

51 Er war mit seinen Ausgrabungen in Ägypten berühmt geworden und hatte das «Ägyptische Museum» in Bulak gegründet.

52 *Don Carlos*, Quartett 4. Akt.

53 Darauf deutet die Ähnlichkeit des *Aida*-Themas mit dem Thema Hélènes aus Ouvertüre und 4. Finale der *Sizilianischen Vesper* (*Adieu, mon pays*).

54 Es ist dem «Waldweben» in Wagners «Siegfried» vergleichbar.

55 Klaus Hortschansky: Die Herausbildung eines deutschsprachigen Verdi-Repertoires. In: Colloquium «Verdi-Wagner», Rom 1969.

56 Man vergleiche das Plädoyer gegen «welsche Kunst» in Wagners «Meistersingern».

57 Wallner-Basté: Verdi aus der Nähe, S. 243.

58 Ebenda, S. 245.

59 «Weinend» heißt eine Anweisung im «Lacrymosa».

60 Diesen Satz hatte Verdi schon für die Pasticcio-Messe für Rossini komponiert.

61 Eduard Hanslick: Aus dem Konzertsaal. In: Aus dem Tagebuch eines Rezensenten. Gesammelte Musikkritiken. Hg. von Peter Wapnewski. Kassel, Basel 1989, S. 21.

62 Hans Busch: Giuseppe Verdi. Briefe. Frankfurt a. M. 1979, S. 150.

63 Werner Otto (Hg.): Giuseppe Verdi. Briefe. Kassel, Basel 1983, S. 243.

64 Das kühne, von Toscanini hoch eingeschätzte Werk, in dem Boito mit neuen harmonischen Wirkungen, Tonalitätsrückungen und räumlichen Klangeffekten arbeitete, wird bis heute an der Scala gespielt.

65 Hans Busch (Hg.): Verdi – Boito. Briefwechsel. Frankfurt a. M. 1986, S. 45.

66 Ebenda, S. 63.

67 Busch: Verdi. Briefe, S. 170.

68 Sie hatte auch die *Aida*-Trompeten angefertigt.

69 Für den blasphemischen Monolog des Francesco Moor in den *Masnadieri* hatte Verdi noch eine regelrechte Arie komponiert.

70 Diese «scala enigmatica» diente 1979/80 Luigi Nono als Grundlage seines Streichquartetts. Siehe Jürg Stenzl: Luigi Nono. Reinbek 1998, S. 97.

71 Die letzte italienische Buffa, Donizettis «Don Pasquale», war 1843 uraufgeführt worden.

72 Wagner hat sie ähnlich in der Prügelszene seiner «Meistersinger» dargestellt.

73 Die Melodie «Per lei sprecai tesori» taucht in einem deutschen Schlager der fünfziger Jahre wieder auf (C. A. Bixio: Sprich zu mir von Liebe).

74 Reinhard Ermen: Ferruccio Busoni. Reinbek 1996, S. 49.

75 Die Ähnlichkeit mit Osmins Rachefantasien aus Mozarts «Entführung aus dem Serail» fällt auf.

76 Busch: Verdi – Boito, S. 352.

77 Ebenda, S. 517.

ZEITTAFEL

1813 Giuseppe Verdi wird am 10. Oktober in Le Roncole geboren. Vater: Carlo Verdi, Mutter: Luigia Verdi, geb. Uttini
1817 Erster Unterricht bei Pietro Baistrocchi
1822 Organist in Roncole
1823 Gymnasiast in Busseto
1831 Aufnahme in das Haus Barezzi
1832 Verdi besteht die Aufnahmeprüfung im Mailänder Konservatorium nicht. Privatunterricht bei Vincenzo Lavigna
1836 Maestro di musica in Busseto. Heirat mit Margherita Barezzi. Arbeit an seiner ersten Oper
1837 Geburt der Tochter Virginia
1838 Geburt des Sohnes Icilio. Tod der Tochter. Aufgabe der Stelle in Busseto
1839 Umzug nach Mailand. Tod des Sohnes Icilio. Premiere *Oberto*
1840 Tod von Margherita Verdi. Premiere *König für einen Tag*
1841 Komposition des *Nabucco.* Bekanntschaft mit Giuseppina Strepponi
1842 Premiere *Nabucco*
1843 Premiere *Die Lombarden*
1844 Premieren *Ernani* und *Die beiden Foscari*
1845 Premieren *Giovanna d'Arco* und *Alzira.* Bruch mit der Scala. Kauf des Palazzo Cavalli in Busseto
1846 Premiere *Attila*
1847 Premiere *Macbeth.* Reisen nach London (Premiere *Die Räuber*) und Paris (Premiere *Jérusalem*)
1848 Aufstände und Krieg. Kauf des Gutes in Sant' Agata. Premiere des *Corsaro.* Reisen nach Paris und Rom
1849 Premiere *Die Schlacht von Legnano.* Einzug in den Palazzo Cavalli mit Giuseppina Strepponi. Premiere *Luisa Miller*
1850 Premiere *Stiffelio*
1851 Premiere *Rigoletto.* Einzug in Sant' Agata. Tod der Mutter. Parisreise
1853 Premieren *Troubadour* und *La traviata.* Reise nach Paris
1855 Premiere *Die sizilianische Vesper* an der Pariser Opéra
1857 Premieren *Simon Boccanegra* und *Aroldo*
1859 Premiere *Ein Maskenball.* Krieg Piemont-Sardiniens gegen Österreich. Eheschließung mit Giuseppina Strepponi
1860 Vereinigung Italiens
1861 Proklamation Viktor Emanuels II. zum König von Italien. Verdi wird Parlamentsabgeordneter. Komposition *Macht des Schicksals.* Russlandreise
1862 Zweite Russlandreise zur Premiere *Macht des Schicksals.* Premiere des *Inno delle nazioni* während der Londoner Weltausstellung
1863 Reisen durch Spanien und nach Paris
1865 Premiere des revidierten *Macbeth* in Paris. Aufgabe des Abgeordnetenmandats
1866 Krieg zwischen Italien und Österreich. Miete des Palazzo Sauli in Genua. Parisreise. *Don Carlos* beendet
1867 Premiere *Don Carlos.* Tod des Vaters. Adoption von Filomena Verdi. Tod Barezzis
1868 Begegnung mit Alessandro Manzoni. Tod Rossinis
1870 Parisreise. Komposition der *Aida*
1871 «Lohengrin» in Bologna. Premiere *Aida* in Kairo
1873 Komposition des *Streichquartetts*
1874 Uraufführung des *Requiems* am ersten Todestag Manzonis. Umzug vom Palazzo Sauli in den

Palazzo Doria. Ernennung zum Senator

1877 Verdi dirigiert das *Requiem* auf dem Rheinischen Musikfest in Köln

1878 Filomena Verdi heiratet Alberto Carrara

1879 Boito schließt das *Otello*-Libretto ab

1880 In Paris zu Aufführungen der *Aida* in französischer Sprache

1881 Premiere des neu gefassten *Simon Boccanegra*

1883 Tod Richard Wagners

1884 Premiere des vieraktigen *Don Carlo*

1886 Tod Clara Maffeis. *Otello* beendet

1887 Premiere *Otello*

1888 Einweihung des Krankenhauses in Villanova

1890 Tod Emanuele Muzios

1893 Premiere *Falstaff*. Auszeichnung durch Umberto I. in Rom

1894 Zwei Parisreisen zu Aufführungen von *Otello* und *Falstaff*

1895 Verhandlungen über das Altersheim für Musiker (Casa di riposo), Baubeginn. Komposition des *Te Deum*

1897 Schlaganfall. Weitere Arbeit an den *Pezzi sacri*. Tod Giuseppina Verdis am 14. November

1900 Einweihung der Casa di riposo. Verdi macht sein Testament

1901 Giuseppe Verdi stirbt am 27. Januar. Am 30. Januar Begräbnis in Mailand. Am 26. Februar Beisetzung des Ehepaars in der Kapelle der Casa di riposo

ZEUGNISSE

Otto Nicolai

Seine Opern sind aber wahrhaft scheußlich und bringen Italien völlig ganz herunter. Er instrumentiert wie ein Narr – ist kein Meister in technischer Hinsicht – muß ein Herz wie ein Esel haben und ist wirklich in meinen Augen ein erbärmlicher verachtungswerter Komponisteur.

Tagebücher. Hg. von Wilhelm Altmann. Regensburg 1928, S. 220 (1848)

Luigi Dallapiccola

Das Phänomen Verdi ist nicht ohne das Risorgimento vorstellbar. Dabei verschlägt es für unsere Erörterung wenig oder nichts, ob er an der Bewegung aktiv beteiligt war. Ihre Allüre und ihr Ton gingen in ihn ein. [...] Es gibt in der Geschichte der italienischen Musik keine andere Periode, die sich mit der des Melodramma vergleichen ließe: niemals, weder zuvor noch danach, stand das Volk in so tiefem, so entschiedenem Einklang mit dem Komponisten.

Musik-Konzepte 10, 1979: Giuseppe Verdi, S. 3f.

Pierluigi Petrobelli

Was ist der «Verdi-Mythos»? Es ist die weitgehend übereinstimmende Art und Weise, in der der Komponist porträtiert und präsentiert wird, nicht nur als Mensch, sondern auch als Künstler. Dieser Darstellung zufolge war Verdi nur eben ein unkultivierter Bauer ohne Allgemeinbildung, wußte sehr wenig über Musik und las kaum jemals ein Buch. Es ist ein Bild, das zusammengefaßt ist in der Definition «il contadino delle Roncole», der Bauer aus Roncole, dem Ort nahe bei Busseto, wo Verdi geboren wurde. Nach neueren Studien ist es ganz offenkundig, daß dieses Image ziemlich listig von Verdi selbst während seines ganzen Lebens gepflegt worden ist; als ein wahrer Theatermann hob er stets hervor, von welch geringer sozialer Herkunft

er sei, um dadurch seine Errungenschaften als Künstler und Mensch desto beachtlicher erscheinen zu lassen.
Einige Thesen zu Verdi. In: Komponisten auf Werk und Leben befragt. Ein Kolloquium. Leipzig 1985, S. 140

Igor Strawinsky

Das Gift des Musikdramas mußte schon betörend und hartnäckig sein, um selbst in die Venen eines Giganten wie Verdi einzudringen! Und wie soll man es nicht bedauern, daß dieser Meister der traditionellen Oper am Ende eines von so viel wahrhaften Meisterwerken begleiteten Lebens sein Schaffen mit jenem *Falstaff* krönte, der, vorausgesetzt, daß man ihn nicht für das beste Werk Wagners hält, keineswegs die beste Oper von Verdi ist?
Ich weiß, daß ich damit der allgemeinen Ansicht entgegentrete, die den besten Verdi in Abirrungen des Genies erblickt, dem wir *Rigoletto, Troubadour, Aida* und *Traviata* verdanken. Ich weiß, daß ich eben das verteidige, was die Avantgarde von gestern im Werk dieses großen Komponisten verachtete. Es tut mir Leid; aber ich behaupte, daß zum Beispiel in der Arie *La donna è mobile*, in der jene Elite nur klägliche Oberflächlichkeit sah, mehr Substanz und mehr wahre Erfindung steckt als in dem rhetorischen Redeschwall der «Tetralogie».
Poétique musicale. Vorlesung an der Harvard University, 1939

Später korrigierte Strawinsky diese Einschätzung:
Verdi verfügt über ein reines Talent, aber noch bemerkenswerter ist die Energie, mit welcher er dieses Talent von *Rigoletto* bis zum *Falstaff* entwickelt hat, um von den Opern zu sprechen, die ich am meisten liebe.
Michail Druskin: Igor Strawinsky, Leipzig 1976, S. 236

Dieter Schnebel

Also ermöglicht Verdis gestische Musikdramatik einen musikalischen Realismus, der den wirklichen Menschen in seiner wirklichen, nämlich sozialen Situation zeigt, der aber auch die innere Wirklichkeit des Menschen, seine falschen und wahren Gefühle – und seien sie rein triebhaft oder sonst unbewußt – sowohl zu durchleuchten vermag als auch einfühlsam ans Licht bringt; in ein Licht, das freilich musikalisch strahlt.
Musik-Konzepte 10, 1979: Giuseppe Verdi, S. 66

Leo Karl Gerhartz

Spiele, die in tendenzieller Verschmelzung von melodischer und szenischer Gebärde, von Bühne und Gesang für die Dauer des verzaubernden Theateraugenblicks trotz aller Irrationalität mit irrealen Abbildern von Wirklichkeit utopischen Träumen des Menschen nachhängen – das scheint eine mögliche Formel für Giuseppe Verdis Operntyp. Daß er unmittelbar aus dem und in der kreativen Weiterentwicklung des im Theater der eigenen Zeit Üblichen erwächst, kennzeichnet seinen wohl wichtigsten Unterschied zum «musikalischen Drama» Richard Wagners.
Musik-Konzepte 10, 1979: Giuseppe Verdi, S. 37

Eckhard Henscheid

Wer heute über Verdis Musik nachdenkt, der betritt fast Neuland. Der Fall ist merkwürdig, ja paradox: Der vielleicht populärste Künstler der Weltgeschichte ist einer, dessen theoretische Durchleuchtung allzeit bis zur Absurdität verschmäht wurde. Und es fragt sich, ob der Mann nicht auch, allem Anschein zum Trotz, am wenigsten begriffen wurde.
Verdi ist der Mozart Wagners. Ein Opernführer für Versierte und Versehrte. 1992, S. 122

Werkverzeichnis

Eine kritische Werkausgabe wird vom Verlag Ricordi in Verbindung mit der University of Chicago Press ediert; erschienen sind: *Nabucco, Ernani, Alzira, Il corsaro, Luisa Miller, Stiffelio, Rigoletto, Il trovatore, La traviata, Messa da Requiem.*
Don Carlos in allen Fassungen ist herausgegeben von Ursula Günther, *Otello* und *Falstaff* sind ediert von Alberto Zedda.
Werkbeschreibungen finden sich auf den in Klammern genannten Seiten.

1. Opern

Oberto, conte di San Bonifacio. Dramma in 2 Akten. Libretto: Temistocle Solera. Mailand, Scala, 17. 11. 1839 (S. 18–19)

Un giorno di regno (oder: *Il finto Stanislao*). Melodramma giocoso in 2 Akten. Libretto: Felice Romani. Mailand, Scala, 5. 9. 1840 (S. 19–21)

Nabucco. Dramma lirico in 4 Teilen. Libretto: Temistocle Solera. Mailand, Scala, 9. 3. 1842 (S. 22–26)

I Lombardi alla prima crociata. Dramma lirico in 4 Akten. Libretto: Temistocle Solera. Mailand, Scala, 11. 2. 1843(S. 29)

Ernani. Dramma lirico in 4 Akten. Libretto: Francesco Maria Piave (nach Victor Hugo). Venedig, Fenice, 9. 3. 1844

I due Foscari. Tragedia lirica in 3 Akten. Libretto: Francesco Maria Piave (nach Lord Byron). Rom, Argentina, 3. 11. 1844

Giovanna d'Arco. Dramma lirico in einem Prolog und 3 Akten. Libretto: Temistocle Solera (nach Friedrich Schiller). Mailand, Scala, 15. 2. 1845

Alzira. Tragedia lirica in 2 Akten. Libretto: Salvatore Cammarano (nach Voltaire). Neapel, San Carlo, 12. 8. 1845

Attila. Dramma lirico in einem Prolog und 3 Akten. Libretto: Temistocle Solera (nach Zacharias Werner). Venedig, Fenice, 17. 3. 1846

Macbeth. Melodramma in 4 Akten. Libretto: Francesco Maria Piave und Andrea Maffei (nach William Shakespeare). Florenz, Pergola, 14. 3. 1847. Neufassung: Paris, Théâtre Lyrique, 21. 4. 1865 (S. 39–43)

I masnadieri. Melodramma in 4 Teilen. Libretto: Andrea Maffei (nach Friedrich Schiller). London, Her Majesty's, 22. 7. 1847

Jérusalem. Bearbeitung von *I Lombardi.* Dramma lirico in 4 Akten. Libretto: Alphonse Royer und Gustave Vaëz. Paris, Opéra, 26. 11. 1847 (S. 44/45, 48)

Il corsaro. Melodramma tragico in 3 Akten. Libretto: Francesco Maria Piave (nach Lord Byron). Triest, Teatro Grande, 25. 10. 1848

La battaglia di Legnano. Tragedia lirica in 4 Akten. Libretto: Salvatore Cammarano (nach Joseph Méry). Rom, Argentina, 27. 1. 1849 (S. 47)

Luisa Miller. Melodramma tragico in 3 Akten. Libretto: Salvatore Cammarano (nach Friedrich Schiller). Neapel, San Carlo, 8. 12. 1849 (S. 50–52)

Stiffelio. Oper in 4 Akten. Libretto: Francesco Maria Piave (nach Emile Souvestre und Eugène Bourgeois). Triest, Teatro Grande, 16. 11. 1850

Rigoletto. Melodramma in 3 Akten. Libretto: Francesco Maria Piave (nach Victor Hugo). Venedig, Fenice, 11. 3. 1851 (S. 53–57)

Il trovatore. Dramma in 4 Teilen. Libretto: Salvatore Cammarano (nach Antonio García Gutiérrez). Rom, Apollo, 19. 1. 1853 (S. 61–65)

La traviata. Melodramma in 3 Akten. Libretto: Francesco Maria Piave (nach Alexandre Dumas d. J.). Venedig, Fenice, 6. 3. 1853 (S. 65–69)

Les vêpres siciliennes. Dramma in 5 Akten. Libretto: Eugène Scribe und Charles Duveyrier. Paris, Opéra, 13. 6. 1855 (S. 73–76)
Simon Boccanegra. Melodramma in 3 Akten. Libretto: Francesco Maria Piave (nach Antonio García Gutiérrez). Venedig, Fenice, 12. 3. 1857. Neufassung von Arrigo Boito. Mailand, Scala, 24. 3. 1881 (S. 76/77, 123)
Aroldo. Neufassung von Stiffelio. Oper in 4 Akten. Libretto: Francesco Maria Piave. Rimini, Teatro Nuovo, 16. 8. 1857
Un ballo in maschera. Melodramma in 3 Akten. Libretto: Antonio Somma (nach Eugène Scribe). Rom, Apollo, 17. 2. 1859 (S. 80–85)
La forza del destino. Melodramma in 4 Akten. Libretto: Francesco Maria Piave (nach Angel de Saavedra). St. Petersburg, Kaiserliche Oper, 10. 11. 1862 (S. 89–92)
Don Carlos. Oper in 5 Akten. Libretto: Joseph Méry und Camille Du Locle (nach Friedrich Schiller). Paris, Opéra, 11. 3. 1867. Italienische Fassung *Don Carlo* in 4 Akten, bearbeitet von Antonio Ghislanzoni. Mailand, Scala, 10. 1. 1884 (S. 97–102)
Aida. Oper in 4 Akten. Libretto: Antonio Ghislanzoni (nach Auguste Mariette). Kairo, Opernhaus, 24. 12. 1871 (S. 104–109)
Otello. Dramma lirico in 4 Akten. Libretto: Arrigo Boito (nach William Shakespeare). Mailand, Scala 5. 2. 1887 (S. 126–132)
Falstaff. Commedia lirica in 3 Akten. Libretto: Arrigo Boito (nach William Shakespeare). Mailand, Scala, 9. 2. 1893 (S. 133, 136–141)

2. Geistliche Werke

Tantum ergo für Tenor und Orgel (1835)
Libera me für Sopran, Chor und Orchester (1862 als Beitrag zum Requiem für Rossini)
Messa da Requiem für 4 Soli, Chor und Orchester (1874 zum Gedenken an den Todestag Alessandro Manzonis) (S. 115–117)
Pater noster für fünfstimmigen Chor a cappella (1879) (S. 115–117)
Ave Maria für Sopran und Streichorchester (1880)
Quattro pezzi sacri:
1. *Ave Maria* über eine enigmatische Tonleiter für vierstimmigen Chor a cappella (1889)
2. *Stabat Mater* für Chor und Orchester (1897)
3. *Laudi alla Vergine Maria* für vierstimmigen Frauenchor a cappella (1898)
4. *Te Deum* für Doppelchor und Orchester (1895)

Pietà, Signor! für Tenor und Klavier (1894, zugunsten der Erdbebenopfer in Sizilien und Kalabrien)

3. Sonstige Werke

Einzelne Arien und Romanzen mit Klavierbegleitung (1833–1869)
Sei romanze für Singstimme und Klavier (1838)
Album di sei romanze (1845)
Suona la tromba. Hymne für Männerchor (1848)
Inno delle nazioni. Kantate für Tenor, Chor und Orchester (1862 zur Weltausstellung in London)
Streichquartett e-Moll (1873) (S. 113)

Bibliographie (Auswahl)

Folgende Werke werden mit Siglen zitiert:
A: Abbiati, Franco: Giuseppe Verdi. 4 Bde. Mailand 1959
C: Cesari, Gaetano und Alessandro Luzio (Hg.): I copialettere di Giuseppe Verdi. Mailand 1913
I: Conati, Marcello (Hg.): Interviste e incontri con Verdi. Mailand 1980
O: Oberdorfer, Aldo (Hg.): Giuseppe Verdi: autobiografia dalle lettere. Mailand 1951, ²1981
PM: Phillips-Matz, Mary Jane: Verdi. A Biography. Oxford, New York 1993
VB: Medici, Mario und Marcello Conati (Hg.): Carteggio Verdi-Boito. 2 Bde. Parma 1978
W: Weaver, William (Hg.): Verdi. Eine Dokumentation. Berlin 1980
Die italienischen Texte wurden von der Verfasserin übersetzt.

1. Briefe und Dokumente

Alberti, Annibale (Hg.): Verdi intimo. Carteggio di Giuseppe Verdi con il conte Opprandino Arrivabene. Mailand 1931
Gatti, Carlo: Verdi nelle immagini. Mailand 1941
Luzio, Alessandro (Hg.): Carteggi verdiani. Bde. 1–2. Rom 1935, Bde. 3–4. Rom 1947
Marchesi, Gustavo und Mario Pasi: Verdi. La vita. I viaggi. Parma 1993
Petrobelli, Pierluigi, Marisa Di Gregorio Casati und Carlo Matteo Mossa (Hg.): Carteggio Verdi-Ricordi. Bd. 1. Parma 1988, Bd. 2. Parma 1994
Tintori, Giampiero: Porträt des Genius Giuseppe Verdi. Text- und Bilddokumentation. Paris, Hamburg 1966
Briefe in deutscher Übersetzung:
Büthe, Otfried und Almut Lück-Bochat (Hg.): Giuseppe Verdi. Briefe zu seinem Schaffen. Frankfurt a. M. 1963
Busch, Hans (Hg.): Giuseppe Verdi. Briefe. Frankfurt a. M. 1979
Busch, Hans (Hg.): Verdi-Boito. Briefwechsel. Frankfurt a. M. 1986
Otto, Werner (Hg.): Giuseppe Verdi. Briefe. Berlin, Kassel, Basel 1983
Wallner-Basté, Franz (Hg.): Verdi aus der Nähe. Ein Lebensbild in Dokumenten. Zürich 1979
Werfel, Franz (Hg.): Giuseppe Verdi. Briefe. Übersetzt von Paul Stefan. Berlin, Wien, Leipzig 1926

2. Biographien und Monographien

Barrili, Anton Giulio: Giuseppe Verdi. Vita e opere. Genua 1892
Budden, Julian: Verdi. Leben und Werk. Stuttgart 1985, ²2000
Casini, Claudio: Verdi. Mailand 1981. Dt. Königstein 1985
Demaldè, Giuseppe: Cenni biografici del Maestro Verdi. Veröffentlicht in: Verdi Newsletter of the American Institute for Verdi Studies 1–3, 1976/1977
Gatti, Carlo: Verdi. 2 Bde. Mailand 1931, ²1951
Gerigk, Herbert: Giuseppe Verdi. Potsdam 1932
Marggraf, Wolfgang: Giuseppe Verdi. Leben und Werk. Leipzig 1982
Porter, Andrew: Giuseppe Verdi. In: The New Grove: Meister der italienischen Oper. Stuttgart, Weimar 1993, S. 211–340
Pougin, Arthur: Giuseppe Verdi: vita aneddotica con note e aggiunte di Folchetto. Mailand 1881
Walker, Frank: The Man Verdi. London 1962

3. Sammelbände und Kongressberichte

Quaderni 1–4. Pubblicazioni dell'Istituto di studi verdiani. Parma 1963, 1968, 1971
Bollettino quadrimestrale dell' Istituto di studi verdiani. Parma 1960 ff.
Atti del I, II, III Congresso internazionale di studi verdiani. Parma 1969, 1971, 1974
Studi verdiani. Parma 1982 ff.
Verdi. Album per un maestro. Hg. v. Istituto di studi verdiani. Florenz 1991

4. Historische und analytische Studien

Basevi, Abramo: Studio sulle opere di Giuseppe Verdi. Florenz 1859

Becker, Heinz (Hg.): Beiträge zur Geschichte der Oper. Regensburg 1969, S. 77–80, 131–138.

Bermbach, Udo (Hg.): Verdi-Theater. Stuttgart, Weimar 1997

Budden, Julian: The Operas of Verdi. 3 Bde. London 1973

Cabourg, Jean, u. a. (Hg.): Guide des Opéras de Verdi. Ligugé, Poitiers 1990

Dahlhaus, Carl: Die Oper als Drama: Verdi. In: Neues Handbuch der Musikwissenschaft, Bd. 6. Wiesbaden 1980, S. 170–180

Dauth, Ursula: Verdis Opern im Spiegel der Wiener Presse von 1843 bis 1859. München 1981

Dieckmann, Friedrich: Wagner, Verdi. Geschichte einer Unbeziehung. Berlin 1989

Engelhardt, Markus: Verdi und andere. Parma 1992

Fischer, Jens Malte: Oper – Das mögliche Kunstwerk. Beiträge zur Operngeschichte des 19. und 20. Jahrhunderts. Anif, Salzburg 1991

Gal, Hans: Giuseppe Verdi und die Oper. Frankfurt a. M. 1982

Gerhard, Anselm: Die Verstädterung der Oper. Paris und das Musiktheater des 19. Jahrhunderts. Stuttgart, Weimar 1992

Gerhartz, Leo Karl: Die Auseinandersetzungen des jungen Giuseppe Verdi mit dem literarischen Drama. Ein Beitrag zur szenischen Strukturbestimmung der Oper. Berlin 1968

Gerhartz, Leo Karl: Versuch über Falstaff. Zu autobiographischen Aspekten von Verdis letzter Oper. In: Musik, Deutung, Bedeutung. Festschrift für Harry Goldschmidt zum 75. Geburtstag. Hg. von Hanns-Werner Heister und Hartmut Lück. Dortmund 1986, S. 21–29

Giuseppe Verdi. Musik-Konzepte Bd. 10. Hg. von Heinz-Klaus Metzger und Rainer Riehn. München 1979

Günther, Ursula: La Genèse de Don Carlos. In: Revue de musicologie 58 (1972)

Günther, Ursula: Giuseppe Verdis erster Erfolg in Paris. In: Lendemains 31/32. Köln 1983, S. 53–62

Kaufmann, Thomas G.: Verdi and his Major Contemporaries. New York 1990

Kimbell, David R. B.: Verdi in the Age of Italian Romanticism. Cambridge 1981

Lippmann, Friedrich: Colloquium «Verdi-Wagner». Rom 1969. Köln, Wien 1972

Lippmann, Friedrich: Verdi und Donizetti. In: Opernstudien. Anna Amalie Abert zum 65. Geburtstag. Hg. von Klaus Hortschansky. Tutzing 1975, S. 153–173

Marchesi, Gustavo: Verdi. Anni. Opere. Parma 1991

Mila, Massimo: L'arte di Verdi. Turin 1980

Osborne, Charles: The Complete Operas of Verdi. London 1969

Pauls, Birgit: Giuseppe Verdi und das Risorgimento. Ein politischer Mythos im Prozeß der Nationenbildung. Berlin 1996

Petrobelli, Pierluigi: Osservazioni sul processo compositivo di Verdi. In: Acta musicologica XLIII (1971), S. 125–142

Petrobelli, Pierluigi und Fabrizio Della Seta (Hg.): La realizzazione scenica dello spettacolo verdiano. Parma 1996

Ross, Peter: Studien zum Verhältnis von Libretto und Komposition in den Opern Verdis. Bern 1979

Wedell, Friedrich: Annäherung an Verdi. Zur Melodik des jungen Verdi und ihren musiktheoretischen und ästhetischen Voraussetzungen. Kassel, Basel, London, New York, Prag 1995.

Namenregister

Die kursiv gesetzten Zahlen bezeichnen die Abbildungen

Über die Autorin

Barbara Meier, geboren 1938 in Magdeburg, Studium der Schulmusik in Köln, später der Musikwissenschaft, Germanistik und Philosophie in Münster, 1991 Promotion zum Dr. phil. Veröffentlichungen: «Geschichtliche Signaturen der Musik bei Mahler, Strauss und Schönberg» (1992), «Robert Schumann» (Reinbek 1992, rororo monographie)

Für Anregungen, Kritik und vielerlei Hilfe danke ich Prof. Dr. Dr. h.c. Herbert Kraft, Dr. Friedrich Wilhelm Meier und Prof. Dr. Pierluigi Petrobelli.

Quellennachweis der Abbildungen

Archiv für Kunst und Geschichte, Berlin: Umschlagvorderseite, 13, 38, 57, 64
Aus: Gustavo Marchesi: Giuseppe Verdi. Turin 1970: Umschlagrückseite oben
British Library, London: Umschlagrückseite unten
Privatbesitz Barbara Meier, Dortmund: 3, 9, 70, 95, 96
Aus: Giuseppe Verdi. Vicende, problemi e mito di un artista e del suo tempo. Herausgegeben von «Una Città costruisce una mostra». Ausstellung im Palazzo Ducale di Colorno vom 31. August bis zum 8. Dezember 1985. Colorno (Parma) 1985: 7 (Foto: Corbetta), 11 (Foto: Angelo Ceresa), 93 (Foto: Corrado Brianti)
Museo teatrale alla Scala, Mailand: 12, 16, 17, 26, 135
Österreichischer Bundestheaterverband, Wien: 20/21
Aus: Verdi. Eine Dokumentation. Zusammengestellt und herausgegeben von William Weaver. Berlin 1980: 27 und 60 (© Giancarlo Costa), 110, 142, 147
Pinacoteca Ambrosiana, Mailand: 28
© Alberto Carrara Verdi, Villa Verdi, Sant' Agata, Villanova Sull' Arda: 33, 65, 81, 83, 120, 125
Civica raccolta delle stampe Achille Bertarelli, Mailand: 35, 78
Archivio Foto Dalmazio, Busseto: 49, 58
Istituto nazionale di studi verdiani, Parma: 62
Roger-Viollet, Paris: 72
Bibliothèque Nationale, Bibliothèqu de l'Opéra, Paris: 74
Bildarchiv Preußischer Kulturbesitz Berlin: 86
Aus: Gustavo Marchesi und Mario Pasi: Verdi. La vita. I viaggi. Parma 1993: 90
Sammlung W. Speiser, Basel: 100, 112, 114
Archivio storico Ricordi, Mailand: 106, 131, 134, 143, 145
Aus: «Sorgete! Ombre seren L'Aspetto visivo dello spett verdiano. Herausgegeben vo Istituto nazionale di studi verd Parma 1994: 127